漫游印度

藏羚羊旅行指南编辑部 编著

北京出版集团公司
北 京 出 版 社

图书在版编目（CIP）数据

漫游印度 / 藏羚羊旅行指南编辑部编著. — 北京：北京出版社，2016.10
ISBN 978-7-200-12391-3

Ⅰ.①漫… Ⅱ.①藏… Ⅲ.①旅游指南—印度 Ⅳ.①K935.19

中国版本图书馆CIP数据核字（2016）第218481号

漫游印度
MANYOU YINDU

藏羚羊旅行指南编辑部　编著

*

北 京 出 版 集 团 公 司
北 京 出 版 社　出版
（北京北三环中路6号）
邮政编码：100120

网　　　址：www.bph.com.cn
北京出版集团公司总发行
新 华 书 店 经 销
三河市庆怀印装有限公司印刷

*

889毫米×1194毫米　32开本　7印张　230千字
2016年10月第1版　2016年10月第1次印刷
ISBN 978-7-200-12391-3
定价：39.80元
如有印装质量问题，由本社负责调换
质量监督电话：010-58572393

前言

作为世界四大文明古国之一的印度，以其特有的旅游资源和神秘的气息吸引了众多游人的目光。这个神秘的国度有着莫卧儿王朝留下的宏伟建筑、历史可回溯到 1500 年前的绝美石窟、犹如金沙堆砌而成的拉贾斯坦邦、绿意盎然且蕴含无限生机的回水潟湖和野生动物保护区等旅游资源。散发着无穷魅力的印度，需要你深入其中去探索、发现。

这本书首先从印度美食和印度世界遗产等主题切入，引导读者发现在印度游玩的乐趣。之后以德里、阿格拉、加尔各答、大吉岭、瓦拉纳西、菩提伽耶、斋浦尔、普什卡、阿杰梅尔、焦特布尔、杰伊瑟尔梅尔、乌代布尔、孟买、奥兰加巴德、果阿、科钦、金奈、坦贾武尔与崔奇、马杜赖 19 个分区的形式做重点介绍。在介绍每个分区时，本书除了介绍景点的景色、历史文化背景、游览注意事项以外，还在食住行购等方面结合部分分区的特色有针对性地做了简单介绍，让读者在欣赏印度人文与自然景观的同时，也能真实地体验到当地人的生活乐趣和民族文化，相信无论是在旅行前做攻略还是正在游玩的旅途中，本书都会对读者起到指导性的作用。

目录

Contents

8	印度美食　享受一场饕餮盛宴
12	印度世界遗产　感受人文历史

22　德里

24	德里交通
28	精华景点

红堡、贾玛清真寺、甘地纪念碑、月光市场街、康诺特广场、詹达曼达天文台、印度总统府与议会大厦、印度门、国家博物馆、手工艺博物馆、邦加拉·沙希锡克圣人庙、胡马雍陵墓、顾特卜塔建筑群、印度莲花寺

44	住在德里
46	吃在德里
48	购在德里

50　阿格拉

52	阿格拉交通
54	精华景点

泰姬陵、阿格拉堡、贾玛清真寺与集市、伊蒂默德·乌德·道拉陵、法塔赫布尔西格里、阿克巴大帝陵墓

64	住在阿格拉
66	吃在阿格拉
67	购在阿格拉

68　加尔各答

70	加尔各答交通
72	精华景点

印度博物馆、圣保罗教堂、维多利亚纪念馆、泰戈尔故居、特雷莎修女故居、迦利女神庙

76　大吉岭

78	大吉岭交通
79	精华景点

大吉岭蒸汽小火车、快乐谷茶庄、老虎岭

5

Contents

- **82 瓦拉纳西**
  - 84 瓦拉纳西交通
  - 85 精华景点
    恒河、黄金寺庙、鹿野苑

- **90 菩提伽耶**
  - 92 菩提伽耶交通
  - 93 精华景点
    摩诃菩提神庙、各国寺院及精舍、尼连禅河及苏迦塔村

- **98 斋浦尔**
  - 100 斋浦尔交通
  - 102 精华景点
    城市宫殿、风之宫、崔波莱市集、斋浦尔金塔曼塔天文台、琥珀堡、中央博物馆、贝拉庙、加尔塔、桑格内尔
  - 112 住在斋浦尔

- **114 普什卡**
  - 116 普什卡交通
  - 117 精华景点
    普什卡湖与河坛、梵天庙

- **120 阿杰梅尔**
  - 122 阿杰梅尔交通
  - 123 精华景点
    契斯提陵墓、两天半清真寺、纳西亚耆那教寺庙

- **126 焦特布尔**
  - 128 焦特布尔交通
  - 129 精华景点
    梅兰加尔堡、贾斯旺·萨达陵墓、乌麦巴旺皇宫、曼朵花园、阿吉特巴哈旺酒店

- **134 杰伊瑟尔梅尔**
  - 136 杰伊瑟尔梅尔交通
  - 137 精华景点
    杰伊瑟尔梅尔城堡、耆那教寺庙、杰伊瑟尔梅尔皇宫博物馆、巴特旺哈瓦利宅邸、沙林辛格哈瓦利宅邸、纳特玛哈瓦利宅邸、嘉希莎水库、杰伊瑟尔梅尔拉雅达堡酒店、克胡利

- **148 乌代布尔**
  - 150 乌代布尔交通
  - 151 精华景点
    城市皇宫博物馆、加格狄许寺庙、汽车博物馆、侍女的光荣花园、巴果尔哈瓦利宅邸、湖宫饭店、千柱之庙

6

目录

Contents

158 孟买

160 孟买交通
162 精华景点
恰德拉巴蒂西瓦吉车站、高等法院、孟买大学、内瑟斯·艾里亚胡犹太教堂、西印度威尔士亲王博物馆、印度门、滨海大道、埃勒凡塔石窟

170 住在孟买
172 吃在孟买
173 购在孟买

174 奥兰加巴德

176 奥兰加巴德交通
177 精华景点
阿旃陀石窟、埃洛拉石窟群

182 果阿

184 果阿交通
185 精华景点
帕纳吉、旧果阿、果阿海滩、马尔冈

192 科钦

194 科钦交通
195 精华景点
犹太镇和帕拉德锡犹太教堂、科钦堡、海事博物馆、玛坦阙里宫

200 金奈

202 金奈交通
204 精华景点
金奈政府博物馆、圣安德鲁教堂、孙环泊堡、码头海滩、圣汤米教堂、卡帕利锡瓦拉寺、默哈伯利布勒姆、甘吉布勒姆

210 坦贾武尔与崔奇

212 坦贾武尔与崔奇交通
213 精华景点
布里哈迪锡瓦拉寺、坦贾武尔皇宫与博物馆

216 马杜赖

218 马杜赖交通
219 精华景点
斯里米纳克锡寺、甘地纪念博物馆、提卢马莱·纳雅卡宫

7

印度美食

享受一场饕餮盛宴

印度的饮食习惯与种族、区域、宗教信仰、阶级地位等，都有密切的关系。咖喱是印度菜的精粹。一般人印象中的"咖喱"一词，其实是英国人取自南印度泰米尔语（Timil）的 kari（黑胡椒），凡是以各种辛辣香料所制作的菜肴，通称为咖喱。

由于宗教信仰，印度教徒的食物中不可以有牛肉，而穆斯林的食物中不可以有猪肉，因此印度的肉食以羊肉和鸡肉为主。印度菜大体上可分为北印度菜与南印度菜两大菜系。北印度菜又可细分为旁遮普菜系、孟加拉菜系等，辣味适度，主要是用咖喱与鸡肉、羊肉、虾和蔬菜烹调的菜肴，和米饭、烤饼一起吃；南印度菜则以泰米尔菜系为主，味道辛辣，将羊肉、蔬菜、咖喱和米饭等放在香蕉叶子上拌食。

印度人的饮食和中国人也有点类似，北印度以面饼为主食，南印度则习惯以米饭为主食，这也是因为南印度盛产稻米之故。不过印度美食比中国美食更为复杂，除了不同的地区有不同的风味美食外，宗教信仰、种族等也是造就印度多元化美食的关键。

波亚尼炖饭 Biryani
波亚尼炖饭是以长米搭配羊肉、鸡肉或蔬菜炖成的饭,其中以海德拉巴波亚尼炖饭最出名,另外也有纯素的波亚尼炖饭。

菠菜奶酪 Palak Paneer
菠菜捣碎后加上印度自制的乡村奶酪,由于口味不辣,因此这道菜是北印度最受欢迎的料理之一。

馕 Nan
馕是印度最经典的面饼,有很多种口味。除了有原味外,还有的加入奶酪、马铃薯、蔬菜、椰子等,口味有甜的也有咸的。

奶油鸡 Butter Chicken
奶油鸡是来自北印度的著名美食,采用去骨切块的坦都里鸡肉,放入奶油、番茄与香料混合的酱汁中烹煮,搭配印度烤饼一起食用,几乎在每家餐厅都会供应这道美食。

塔利 Thali
塔利是印度最传统的一种套餐,在一个圆盘上放着菜泥、豆泥、马铃薯、炖菜、酸奶、甜点等菜色,另外附有饭、普里、罗提或恰巴提面饼。在印度每个省份都有属于自己的独特塔利。

恰巴提 Chapati
恰巴提是印度最普遍的全麦面饼之一,嚼起来十分筋道。采用没有发酵的面团,做法类似葱油饼,但饼皮更为扁平,口感也较干。

坦都里烤鸡 Tandoori Chicken
这是北印度的一道著名宫廷料理,将整只鸡先以酸奶和香料腌渍过后放入坦都炉窑内烤,烤完后鸡肉呈现红色,吃起来带点辣味,食用时配以绿色的酱料和洋葱。

罗提 Roti
其做法是将面团以旋圈的方式做成轻薄的印度饼，再放入油锅中炸脆。

普里 Poori
这种北印度的点心，是种宛如手掌大的圆饼。油炸时会鼓起来，圆饼中央则呈空心状，可以搭配主菜或蔬菜泥一起吃，在一般的塔利套餐中也会出现。

沙摩沙 Samosa
沙摩沙是三角形的咖喱炸饺，内部馅料以马铃薯混合豆子、茴香、辣椒等香料制成，吃起来有一点辣，被视为印度人的点心。

都沙 Dosa
这种类似煎饼的点心，在南印度被用来当作早餐。都沙是以扁豆糊加发酵米、水调配而成的米糊，放置在大型铁板上煎烤，之后再放入馅料并将饼皮对折起锅。马色拉都沙是最常见的一种。

拉西 Lassis
拉西是印度式酸奶饮料，也是深受游人喜爱的冷饮，其由酸奶、水、香料、糖或盐调制而成。除了原味拉西之外，还有各式各样的水果拉西，如芒果、香蕉、凤梨调制成水果拉西。

奶茶 Chai
在印度，奶茶是最普遍的饮料。马色拉奶茶（Masala Chai）是奶茶中常见的一种，"Masala"在印度文中意为综合的香料。由于在马色拉奶茶里添加了许多综合香料，如豆蔻、丁香、肉桂、胡椒、姜等，因此，品尝起来格外香浓。

11

感受人文历史

印度世界遗产

截至2015年8月,印度共有32项世界遗产,其中包括25项文化遗产,7项自然遗产,总数排名第7位。这些世界遗产分为文物古迹与自然景观,这些令人叹为观止的奇景,是印度送给世界最珍贵的礼物。

1 阿格拉堡
Agra Fort
- **1983年，文化遗产**

阿格拉堡原本是洛提王朝的碉堡，1565年阿克巴大帝在统一北印度后，将莫卧儿（Moghol）帝国的政府机关自德里迁往阿格拉，才使得阿格拉堡逐渐演变成皇宫。阿格拉堡周围环绕着护城河以及长约2.5千米、高约21米的城墙。阿克巴大帝采用红砂岩修建阿格拉堡，并且加入大理石和错综复杂的装饰元素。一直到他的孙子沙贾汗执政时，阿格拉堡才有现在的规模。阿格拉堡是印度最奢华的宫殿之一，整个古堡约有500座建筑，集印度教和伊斯兰教建筑艺术之大成，十分庄严、华丽。

2 阿旃陀石窟
Ajanta Caves
- **1983年，文化遗产**

阿旃陀石窟属于佛教石窟，30座石窟分散在马蹄形峡谷中，开凿约始于公元前200年到公元650年间，比埃洛拉石窟群的历史更为久远，是印度重要佛教石窟代表之一。其石窟基本分为两大类：支提（Chaitya）和毗诃罗（Vihara）。阿旃陀石窟内有精美的壁画，是印度古代壁画的主要代表作。这些壁画是在公元前2世纪到公元5世纪间创作的，壁画内容多是描述佛祖的生平与前世的本生故事（Jataka tales），以及笈多王朝（Gupta Dynasty）时期生动的人民生活与街景。

3 埃洛拉石窟群
Ellora Caves
- **1983年，文化遗产**

埃洛拉石窟群位于奥兰加巴德（Aurangabad）附近，其与阿旃陀石窟并列为印度石窟艺术代表作。石窟开凿于长达2千米、南北走向的新月形玄武石岩壁上。34座石窟区分为佛教、印度教、耆那教三种，其中有12座佛教石窟（600—800年）、17座印度教石窟（600—900年）和5座耆那教石窟（800—1000年）。埃洛拉石窟群以精致的雕刻闻名，这些石雕虽然分属于三个不同宗教，但在风格上都受到印度教艺术的影响。凯拉萨神庙是埃洛拉石窟群的最大看点，该寺庙祭拜印度教湿婆神，是全世界最大的巨石雕刻神庙。

4 泰姬陵
Taj Mahal
- **1983年，文化遗产**

泰姬陵位于业穆纳河畔，是莫卧儿帝国第五代君王沙贾汗为皇后蒙泰姬所建造的陵墓。泰姬陵于公元1632年开始兴建，总共动用印度和中亚等地的工匠大约2万名，费时20多年才建造完成。泰姬陵样式融合印度、波斯、中亚伊斯兰教等风格。

泰姬陵虽然名为陵墓，但是占地辽阔，包括前庭、正门、莫卧儿花园、水道、喷水池、陵墓主体和左右两座清真寺。泰姬陵的建筑概念，来自于平衡、对称，并且与数字"4"有关。在伊斯兰教信仰中，"4"是非常神圣的数字，所以4座小圆塔、4支尖塔和四角形庭院，都是平和与神圣的象征。

13

5 默哈伯利布勒姆古迹
Group of Monuments at Mahabalipuram
● **1984 年，文化遗产**

整座遗址就坐落于孟加拉湾的海岸边，呈椭圆形分布。岩石雕刻的洞穴圣堂、巨石构成的神坛、战车型的神殿，以及巨大的露天石雕，都是帕拉瓦艺术风格的代表，至今石雕的传统仍然延续着，在周遭许多雕刻工作室，都还能听到铁锤、凿子敲打的声音，这些声响已经持续了上千年。

6 太阳神庙
Sun Temple at Konarak
● **1984 年，文化遗产**

太阳神庙位于印度东部的奥立萨（Orissa）邦，这座为了敬奉太阳神苏利耶（Surya）而建的神庙，整体造型为一辆战车，以 12 对轮子载着太阳神横越天空。神庙建于 13 世纪，以其华丽的雕刻著称，神与鬼、国王与平民、大象与马等都栩栩如生地表现在浮雕上，这也是印度最著名的婆罗门圣殿。

7 果阿教堂和修道院
Churches and Convents of Goa
● **1986 年，文化遗产**

果阿旧城曾是葡萄牙人殖民印度时期的首都，城内留下了很多教堂和修道院，于 1986 年被列入《世界遗产名录》，其中最著名的是慈悲耶稣大殿（Basilica of Bom Jesus）。整体说来，这些纪念性建筑风格各异，从朴素的文艺复兴（Renaissance），到华丽的巴洛克（Baroque），甚至还有更矫饰的葡萄牙曼奴埃尔式（Manueline）。

8 法塔赫布尔西格里
Fatehpur Sikri
1986 年，文化遗产

坐落于阿格拉城以西 40 千米处的法塔赫布尔西格里，又名胜利之城，是阿克巴大帝于 16 世纪后半期所建，用来纪念伊斯兰教苏非教派圣者沙利姆·奇斯蒂（Salim Chishti）的新都。

法塔赫布尔西格里古城拥有 6 千米的城墙、7 座城门，城内有皇宫、公众大厅、土耳其苏丹宫、社交天井、流动凉水池、后宫、陵墓和印度最大的清真寺。由于当时动用了来自印度各地的工匠与建筑人员，因此在这片独特的建筑群中，除了伊斯兰建筑元素外，还可以看见印度教与耆那教的装饰艺术特色。

9 亨比古迹
Group of Monuments at Hampi
● **1986，文化遗产**

亨比是南印度最后一个王朝维贾扬纳加帝国（Vijayanagar）的最后一个首都，14—16世纪，王室在这个乱石林立的都城里，建立了许多达罗毗荼式（Dravidian）的寺庙和宫殿。1565年时，亨比遭到伊斯兰联军的洗劫，时间长达6个月。帝国灭亡后，亨比仍为重要的宗教中心，现在亦是旅游胜地。

10 克久拉霍古迹
Khajuraho Group of Monuments
● **1986，文化遗产**

克久拉霍的寺庙雕刻，无论形状、线条、姿态和表情，都是精彩绝伦的艺术创作。

寺庙样式属于典型的北印度寺庙风格，特色就是中央的圆锥形屋顶（Shikara）。早期印度寺庙只有一个山形圆顶，代表神祇所居住的山峰，后来有些寺庙开始出现多重圆顶。印度教寺庙里面供奉神像的地方，称为胎房（Garbha-Grihya），其中湿婆神庙供奉湿婆林伽，毗湿奴神庙供奉毗湿奴神像或各种化身，戴维女神庙有的供奉女神各种化身，有的则是无形的象征。

11 埃勒凡塔石窟
Elephanta Caves
● **1987年，文化遗产**

埃勒凡塔石窟位于孟买附近，是一座中世纪印度教石窟，整座石窟凿空山岩而建，虽然面积不大，却具有重要的地位。石窟是在450—750年佛教衰落、印度教兴起的期间开凿的，当时称作石窟宫殿（Gharapuri）。石窟的雕刻风格偏向笈多古典主义，在石窟门廊两侧与窟内的天然岩壁上，共有9幅以湿婆神为主的巨型浮雕。

12 朱罗神庙
Great Living Chola Temples
● **1987年，2004年扩增，文化遗产**

朱罗王朝是继帕拉瓦王朝之后南印度最大的印度教王朝，曾经统治过大半个印度半岛，创造出许多朱罗式建筑，尤其以神庙建筑最为著名。朱罗神庙被列入《世界遗产名录》的主要有三处，分别是坦贾武尔（Thanjavur）的布里哈迪锡瓦拉神庙、康凯康达秋里斯瓦拉姆神庙和达拉苏拉姆的艾拉瓦德斯瓦拉神庙，其中以坦贾武尔的布里哈迪锡瓦拉神庙最为著名。这些寺庙都充分展现了朱罗王朝在建筑、雕刻和铸造铜器方面的高超工艺技术。

13 帕塔达卡尔古迹
Group of Monuments at Pattadakal
● 1987 年，文化遗产

帕塔达卡尔是印度西南部卡纳塔克（Karnataka）邦的一座古城。公元 7—8 世纪是该城最昌盛的时期，时值查路克亚王朝（Chalukya Dynasty），城内的寺庙多建造于该时期。其中最著名的是洛克什瓦利（Lokeshwari）和韦鲁帕克沙（Virupaksha）寺庙，这些建筑充分展现了折中与融合，南印度和北印度的建筑特色在此处非常和谐地交融在一起。

14 桑吉佛教古迹
Buddhist Monuments at Sanchi
● 1989 年，文化遗产

桑吉佛教古迹最早兴建于公元前 3 世纪的孔雀王朝（Maurya）时代，全力护持佛教的阿育王（Asoka），在此竖立了一根铭刻其法敕的石柱及小砖塔；继之而起的巽加王朝（Shaka）将小塔扩建为壮观的大塔，二塔和三塔也陆续因应而生。公元前 1 世纪，案达罗王朝（Andhras）在大塔东西南北立起 4 座精雕细琢的塔门，佛塔周围也陆续建造起许多僧院石寺。直到穆斯林大军入侵印度，佛教几乎被灭，桑吉遂被世人遗忘。

15 胡马雍陵墓
Humayun's Tomb
● 1993 年，文化遗产

混合红色砂岩和黑、白大理石的胡马雍陵墓，是印度第一座具有花园的陵墓。此陵墓从多方面展现了浓厚的波斯建筑元素，例如三面高大的拱门设计、高耸显目的中央圆顶，以及多彩的瓷砖，而双层圆顶更是首次在印度出现。尽管如此，陵墓建筑本身仍采用印度建筑样式，只是外观采取简单的色调设计，并在拱门内部的墙上嵌入了波斯文。

16 顾特卜塔
Qutb Minar and its Monuments
● 1993 年，文化遗产

拥有全印度最高石塔的顾特卜塔，始建于 1199 年，在 1231 年、1368 年和 1503 年陆续增建，由印度最早期的信奉伊斯兰教的统治者兴建，属于印度德里苏丹国的伊斯兰教建筑。顾特卜塔由奴隶王朝（Slave Dynasty）德里苏丹国的创立者——顾特卜乌德汀艾巴克（Qutab-ud-din Aibak）所建，是一座为了纪念 1192 年阿富汗穆斯林征服印度教拉吉普特王国而建的胜利之塔。

17 山区铁路
Mountain Railways of India
● 1999年，2005年、2008年扩增，文化遗产

被列入《世界遗产名录》的山区铁路有三条，分别是大吉岭喜马拉雅铁路、泰米尔纳德邦的尼尔吉里铁路、卡尔卡西姆拉铁路。大吉岭喜马拉雅铁路位于现今印度西孟加拉邦境内，于1881年开通，是一条山区旅客运输铁路线的典范。尼尔吉里铁路位于印度南部德干半岛的泰米尔纳德邦，于1908年通车，在2005年入选《世界遗产名录》。卡尔卡西姆拉铁路全长只有96千米，由于其悠久的历史、独特的风景以及特殊的地形，在2008年，它成功入选《世界遗产名录》。

18 摩诃菩提神庙群
Mahabodhi Temple Complex at Bodh Gaya
● 2002年，文化遗产

从远处看，摩诃菩提神庙群似乎只有一座高耸的正觉塔，其实整座院寺腹地庞大，布局繁复。这其中包括七周圣地、佛陀足印、阿育王石栏楯、菩提树、金刚座、龙王池、阿育王石柱，以及大大小小的佛塔、圣殿和各式各样的钟、浮雕和佛像。其中最大的看点便是菩提树和七周圣地，当年玄奘曾跪在菩提树下，热泪盈眶，感叹未能生在佛陀时代。

19 平贝德加岩洞
Rock Shelters of Bhimbetka
● 2003年，文化遗产

平贝德加岩洞位于印度中央高原南缘的温迪亚山脉（Vindhyan Mountains）山脚下，这里有许多巨大厚重的砂岩裸露出来，岩石之上则是茂密的森林，其中五处自然形成的岩石洞穴里有许多壁画，年代可追溯到中石器时代。遗址邻近的21个村落所呈现的文化风貌，与壁画中所绘十分接近。

20 金巴纳 巴瓦加德考古公园
Champaner-Pavagadh Archaeological Park
● 2004年，文化遗产

这座考古公园里集中了大量保存完整的文化遗迹。从石器、铜器时代，到早期印度都城的山丘堡垒，再到16世纪古吉拉特邦（Gujarat）的首都都城遗迹，记录年代之长，实属罕见。考古公园里的遗迹还包括8—14世纪的防御工事、宫殿、宗教性建筑、民居院落、农业灌溉系统等。巴瓦加德山丘上的卡力卡玛达寺（Kalikamata）是其中最重要的一座神坛，每年都会吸引不少朝圣者前来。

21 恰德拉巴蒂西瓦吉车站（前维多利亚终点站）
Chhatrapati Shivaji Terminus
(formerly Victoria Terminus)
● 2004 年，文化遗产

恰德拉巴蒂西瓦吉车站，原名维多利亚火车站，它集维多利亚式、印度式、伊斯兰式建筑元素于一身。丰富且复杂的雕饰在建筑的柱子、圆顶、尖塔、飞扶壁、塔楼、彩绘玻璃窗上随处可见，其中包含孔雀、猴子、狮子、蛇和常在哥特式建筑上出现的兽类。中央的圆顶高达4米，大门口两侧分别有狮子和老虎的石雕，代表着印度和英国相互尊重。

22 红堡建筑群
Red Fort Complex
● 2007 年，文化遗产

红堡建筑群坐落在亚穆纳河西岸，是旧德里主要的建筑遗迹之一。红堡又称为拉尔·奎拉城堡（Lal Qila），是莫卧儿帝国第五代君主沙贾汗从阿格拉迁都德里，于1639—1648年所建的，样式与阿格拉堡十分类似，都是采用红色砂岩构成的。

红堡四周环绕着红砂岩城墙与护城河，城墙高度从18米到33米不等，长达2.41千米。堡内建筑物包括公众大厅、私人大厅、莫迪清真寺、彩色宫殿、哈斯玛哈勒宫、皇家浴池和喷泉花园等。

23 金塔曼塔天文台
Jantar Mantar
● 2010 年，文化遗产

热爱天文学的斋浦尔王公杰·辛格二世，一生共在印度各地兴建过5座天文台，其中位于斋浦尔的这座，堪称全世界最大的石造天文台。

金塔曼塔天文台兴建于18世纪初，天文台中主要的固定观测仪多达20座，它们不但是石造古迹中的典范，还具备了特殊的功能。这些用肉眼观测星象的仪器，体现了多样建筑与观测仪器方面的创新，至今仍十分准确，它是印度最具代表性且保存最好的天文台，同时也表现了莫卧儿帝国晚期在这位学者王子的带领下所具备的天文知识和宇宙观。

24 拉贾斯坦山地要塞
Hill Forts of Rajashtan
● 2013 年，文化遗产

拉贾斯坦山地要塞位于印度的拉贾斯坦邦，是一系列的坐落于阿拉瓦利岭（Aravallis）的堡垒建筑，包括六座雄伟的要塞，分别分布在吉多尔格尔、贡珀尔格尔、瑟瓦伊马托布尔、恰勒瓦尔、斋浦尔以及杰伊瑟尔梅尔。从7世纪至20世纪不同时期建成的堡垒风格迥异，极具观赏价值。位于斋浦尔附近山峰上的琥珀堡（Amber Fort）始建于16世纪末，曾经是印度古代藩王的都城，如今已成为斋浦尔久负盛名的旅游景点。

25 王后阶梯井
Rani-ki-Vav（the Queen's Stepwell）
● 2014 年，文化遗产

　　王后阶梯井坐落于印度古吉拉特邦帕坦地区，萨拉斯瓦蒂河（Saraswati River）畔，建于公元11世纪。王后阶梯井是古吉拉特邦帕坦地区阶梯井的典型代表，也是一座宏伟壮丽的地下宫殿。王后阶梯井直径10米，深度达30米，分为7层，共有3500多级台阶层层向下延伸。阶梯井主要是为了满足干旱地区人们的日常生活及宗教需求。分布于井壁上的雕塑是王后阶梯井的最大特色。

26 加济兰加国家公园
Kaziranga National Park
● 1985 年，自然遗产

　　加济兰加国家公园位于布拉马普得拉河（Brahmaputra）畔，地处阿萨姆邦的心脏地带，是东印度地区仅存的少数未被人类惊扰的地方，这里栖息着世界上种族数量最多的印度独角犀牛、老虎、豹、大象、熊、亚洲野牛、长臂猿等哺乳动物，以及300多种野鸟。整个国家公园占地430平方千米，拥有大片草原、沼泽及森林。

27 盖奥拉德奥国家公园
Keoladeo National Park
● 1985，自然遗产

　　位于阿格拉的盖奥拉德奥国家公园，过去是印度王室猎野雁的保留区，每到冬天，就会有大批的水鸟从西伯利亚、中国及中亚地区南下。据估算，至少有364种鸟类聚集在此，包括罕见的西伯利亚鹤。

28 马纳斯野生生物保护区
Manas Wildlife Sanctuary
● 1985 年，濒危自然遗产

　　马纳斯野生生物保护区位于喜马拉雅山脚的缓丘上，这片林木茂密的丘陵，到处是冲积平原和热带雨林。保护区里栖息着各种濒危动物，包括孟加拉虎、亚洲象、印度犀牛、侏儒猪等。不过也因为生态脆弱及受到人为侵扰，1992年这里被列入《濒危世界遗产名录》。

29 孙德尔本斯国家公园
Sundarbans National Park
- **1987 年，自然遗产**

孙德尔本斯国家公园位于印度与孟加拉国之间，包括水域与陆地共约 1 万平方千米，其中坐落于印度境内的部分，超过该国家公园总面积的一半。该国家公园创立于 1973 年，以保护恒河三角洲的红树种植区及当地野生动物为主要任务。这里生长着全世界面积最大的红树林，此外，许多濒临灭绝的物种，例如老虎、水栖哺乳动物、野鸟和爬虫等，在这里也受到了特别的保护。

30 楠达德维和花谷国家公园
Nanda Devi and Valley of Flowers National Parks
- **1988 年，2005 年扩增，自然遗产**

楠达德维和花谷国家公园位于西部喜马拉雅山区。花谷国家公园以高山野花和优美的自然景致享有盛名，此外这里还栖息着珍贵的亚洲黑熊、雪豹、棕熊。相对来说，楠达德维国家公园则是崎岖不平的荒野，这两种不同的地貌，在长达一个世纪的时间里，都受到植物学家和登山客的高度赞赏。

31 西高止山脉
Western Ghats
- **2012 年，自然遗产**

比喜马拉雅山脉更古老的西高止山脉位于印度南部，德干高原的西部，呈南北走向，长约 1 600 千米，平均海拔为 900 米。西高止山脉有丰富的生物物种，是世界公认的八大"最热门生物多样性热点"之一，是至少 325 种全球濒危植物、动物、鸟类、两栖动物、爬行动物和鱼类的家园。

32 大喜马拉雅国家公园
Great Himalayan National Park
- **2014，自然遗产**

大喜马拉雅国家公园位于印度北部的喜马偕尔邦，地处喜马拉雅山脉的西部，其高于海平面 1 500 米至 6 000 米。公园面积广达 1 171 平方千米。这里有高耸的山峰、广阔的高山草甸、潺潺的溪流、茂盛的森林、丰富的物种。园内受季风影响的森林和高山草甸，是 375 种动物的天然栖息地。

德里

　　德里位于印度恒河和亚穆纳河（Yamuna）两大河流流域，分为新德里和旧德里。其中新德里是印度共和国首都，是政治、经济和文化中心，也是印度现代化的象征。

　　旧德里屹立着清真寺、陵墓、堡垒、城墙和城门等古迹，在旧德里狭窄的街道内，挤满了各式各样的交通工具，洋溢着印度城市既热闹又混乱的气氛。它是17世纪时莫卧儿皇帝沙贾汗（Shah Jahan）所兴建的。昔日的城墙长达7千米，拥有14座城门，除红堡外，更将贾玛清真寺（Jama Masjid）紧紧圈在其中，再连同红堡前方的月光市场街（Chandni Chowk），就是这位皇帝统治之下的城郭范围。几百年来历史流转，颓圮的城墙如今只有5段保存下来。

　　和旧德里相比，新德里所呈现的是截然不同的面貌，大树林立的宽敞街道、宏伟的殖民时代建筑、时髦现代的气氛，令新德里和旧德里形成强烈的对比。1911年时，印度的英国殖民地政府决定将政治中心从加尔各答迁到德里，于是着手设计兴建新首都，也就是今日新德里的雏形。

　　康诺特广场和姜帕特大街的南面，属于德里近郊的南德里，这里逐渐远离了印度首都的繁杂与喧嚣。

德里交通

如何到达——
机场至市区交通

从中国到达印度德里的航班很多，既可以从北京、上海、广州乘坐直飞航班抵达德里，也可以从香港转机至德里。

德里英迪拉·甘地国际机场（Indira Gandhi International Airport），位于距离新德里市中心西南16千米处，是印度最大的机场。目前主要运营的航站楼有1C、1D和3号航站楼。其中3号航站楼是最主要航站楼，运营包括国际航线和国内航线。1D航站楼和3号航站楼之间有免费的穿梭巴士，发车间隔为20分钟。另也可搭乘预付出租车（Prepaid Taxi）前往。国际机场内附设24小时的旅馆订房柜台，以及印度旅游服务中心（Indian Tourism，ITDC）、德里旅游服务中心（Delhi Tourism，DTTDC）和银行与汇兑中心等设施。

英迪拉·甘地国际机场
 www.newdelhiairport.in
捷特航空
 www.jetairways.com

机场巴士

新德里机场巴士为24小时运营，提供英迪拉·甘地国际机场和德里市区间的交通服务。机场巴士4路经过英迪拉·甘地国际机场3号航站楼、康诺特广场（Connaught Place），终点站为邦际巴士总站（ISBT Kashmere Gate）。从机场至市区约50分钟，票价约75卢比。

德里交通公司
 www.dtc.nic.in

出租车

从机场前往德里最方便的方式是搭乘出租车，不过因为印度出租车司机恶名昭彰，不是超收车费就是在里程表上动手脚，甚

德里

至强迫客人前往可收取介绍费的旅馆；所以最好采用预付出租车的方式，这种方式相对比较安全。

英迪拉·甘地国际机场有多家预付出租车票亭，位于入境大厅外的限制区域（注意有许多鱼目混珠的杂牌出租车票亭）。到市中心的费用在250卢比左右，夜间（23:00至次日5:00）会加收25%。不过各家费用各有差异，不妨先多问几家再决定。正常情况下，从机场到德里市区约30分钟的车程，但在交通拥堵的情况下，则可能需要1小时左右。此外，一般旅馆会提供机场接送服务。

新德里的机场快线

新德里的机场快线，在印度地铁图上标注为橙线，全长22.7千米，共有6站（包括New Delhi、Shivaji Stadium、Dhaula Kuan、Delhi Aerocity、IGI Airport、Dwarka Sector 21 Station），往来于新德里市中心和英迪拉·甘地国际机场T3航站楼之间，全程18分钟。单程票价为60卢比，往返票价为110卢比（票价变动较大，请参考官网）。

德里地铁

 www.delhimetrorail.com

电动车

在离境大门前有一些电动车，虽然它们要比出租车便宜约100卢比，但对于往返机场和市区交通的人来说，却是相当不可靠且危险的选择，尤其是在入夜之后，所以不建议搭乘。

如何到达——火车

德里的主要火车站有两个，一个是位于红堡以西、康诺特广场以北9千米处的德里火车站（Delhi Railway Station），一

个是位于康诺特广场以北1千米处的新德里火车站（New Delhi Railway Station）。虽然大多数长途火车都是停在后者，但出发前最好还是确认一下。

印度铁路公司
🌐 www.indianrail.gov.in

如何到达——巴士

各邦往来于德里的巴士大都停靠在德里火车站以北的邦际巴士总站（ISBT），从这里可以搭乘电动车前往新德里，大约需15分钟，费用约50卢比。部分私人巴士停靠在新德里火车站外或康诺特广场，此处交通便利，出租车、电动车和地铁一应俱全。

市区交通

德里腹地广大，景点分散在新、旧德里甚至更远的南德里区域，基本上要靠交通工具才能畅游各地。由于物价低廉，最好的方式就是乘坐出租车、电动车、地铁。因为公交车不设站牌且比较拥挤，所以不建议游客乘坐。

电动车

在德里乘坐电动车的价格比乘坐出租车要便宜很多，游客在乘车时，一定要坚持让司机使用里程表，以免被宰。此外，有些司机不会讲英文，因此，在上车前最好先确认司机明白你想要去的地点，或者给他看景点的图片。

包车

许多旅行社和中档以上饭店都提供包车的服务，如果你懒得和电动车司机讨价还价，或是停留天数不多，这也是不错的选择，不含空调的包车费用为一天700卢比，并不会比乘出租车贵。此外，某些出租车公司也提供包车服务，除了短程之外，也有前往阿格拉、斋浦尔等多天数的行程，费用视选择的车种而异。

Rajit 兄弟出租车公司
🌐 www.ranjitbrostaxi.com

地铁

目前，德里主要有6条地铁线路，在官方地图上标注为红线、黄线、蓝线、绿线、紫线、橙线（机场快线）。单程票价为8~30卢比，每增加两站增加1卢布，当日有效。此外，针对游客还设有游客卡（Tourist card）。

旅游咨询

德里市区有很多旅行社的招牌上写着"Tourist Information Centre"，千万别被这些旅行社所蒙骗，尤其是在康诺特广场的旅游服务中心旁，林立着多家名称类似的旅行社，必须特别小心。

印度旅游局
办公室
🏠 88 Janapath, New Delhi
☎ 011-23320005
🕐 周一至周五 9:00-18:00，周六 9:00-14:00
🌐 www.incredibleindia.org

国际机场
☎ 011-25691171

国内机场
☎ 011-25675296

德里观光开发公团
总公司
🏠 18 A DDA S.C.O Complex, Defence Colony, New Delhi
☎ 011-24647005
🌐 delhitourism.nic.in

康诺特广场
🏠 N Connaught Place
☎ 011-41523073
🕐 10:00-17:00

精华景点

红堡
(Red Fort)

- Chandni Chowk
- 可从康诺特广场搭乘729、216号巴士前往
- 周二至周日 9:00-18:00
- 门票250卢比，携带录像机25卢比，博物馆门票5卢比
- 除周一外每晚有英语声光秀，历时约1小时，预约电话011-23274580

红堡坐落在亚穆纳河西岸，是旧德里主要建筑遗迹之一，2007年被列入《世界遗产名录》。红堡又称为拉尔·奎拉城堡（Lal Qila），是莫卧儿帝国第五代君主沙贾汗从阿格拉迁都德里，于1639—1648年所建，样式与阿格拉堡十分类似，都采用红色砂岩为建材。不过沙贾汗未能在此执政，因为他儿子奥朗杰伯（Aurangzeb）将其罢黜，并将他软禁于阿格拉堡。

红堡虽然是在莫卧儿帝国强盛时期所建,也一度短暂成为国都,不过奥朗杰伯是第一位也是最后一位在红堡执政的君王。红堡四周环绕着红砂

岩城墙与护城河,城墙高度从 18 到 33 米不等,长达 2.41 千米。拉合尔门(Lahori Gate)是它的主要入口,位于西墙的正中央,走过此门可以看到一个类似长形拱廊状的购物区——月光市场街(Chatta Chowk),这里是从前专门售卖银器、珠宝和金饰给皇室贵族的商店区,而今则是售卖各式各样纪念品的商店。

堡内建筑物包括公众大厅、私人大厅、莫迪清真寺、彩色宫殿、哈斯玛哈勒宫、皇家浴池和喷泉花园等。

漫游
印度

贾玛清真寺 (Jama Masjid)

- Netaji Subhash Marg. 旁边
- 从红堡步行前往约 10 分钟
- 011-23268344
- 8:30—12:15，13:45 至日落前 30 分
- 参观清真寺免费，携带照相机 200 卢比
- 需脱鞋入内，忌穿无袖上衣、短裤与短裙。女性游客即使穿了长裤、长袖上衣，也会被要求穿上寺方准备的长袍，这些长袍通常非常脏，要有心理准备

必游之地 MUST-VISIT PLACES

　　贾玛清真寺位于红堡附近，是全印度最大的清真寺。寺内的中庭可容纳 25 000 名信徒进行礼拜，由于周围是穆斯林居住的区域，充满浓郁的伊斯兰教气息。这里是莫卧儿帝国最热爱建筑的沙贾汗皇帝最后下令兴建的建筑，建于 1644—1658 年间，当时动用工人多达 5 000 名。

　　清真寺四周被红色砂岩的拱廊包围，包含 3 个大门、

4个方形塔楼、2个壁龛、2座高达 40 米的尖塔，和中央高达 60 米的圆顶。而位于清真寺中庭的长方形水池，是穆斯林礼拜前净身的地方。

贾玛清真寺由红色砂岩和白色大理石组合而成，主要入口有 3 个，分别位于清真寺北边、南边和东边。东边的大门原是君王才能进出的专用门，现在仅在周五或伊斯兰教节庆时才开放给穆斯林进出；一般的游客仅能从北面和南面的大门进入清真寺。

位于西侧的主要礼拜厅上方覆盖着三座大理石圆顶，前方环抱着一连串高大的尖拱，拱顶遮蔽了面对麦加天房的壁龛，至于位于西侧中央的壁龛，则是保留给主祷的位置。

甘地纪念碑 (Raj Ghat)

Mahatma Gandhi Marg (Ring Road)
距离红堡约 2 千米
每日的日出至日落（甘地纪念碑），周二至周日 9:30-17:30（甘地纪念馆）
免费
进入甘地纪念碑前必须脱鞋

MUST-VISIT PLACES 必游之地

位在亚穆纳河畔、红堡南边的甘地纪念碑，是许多人缅怀印度之父——甘地的地方。1948 年 1 月 30 日甘地被刺杀后，根据印度教习俗，他的遗体被搬运到德里亚穆纳河畔焚化，而焚化地点就成为今天这片美丽的公园，同时也是纪念甘地的陵墓。

在一片草坪的中央，立着一块黑色的大理石碑，旁边还点着不灭的火柱并摆放着鲜花，草坪的四周围绕着由砂岩建造的围墙，墙上刻着翻译成各国语言的甘地名言，虽然游客们争先恐后地拍照，但是空气中仍弥漫着严肃的气氛。

如果你对甘地有浓厚的兴趣，不妨前往甘地纪念碑对面的甘地纪念馆（Gandhi Memorial Museum）参观，这里陈列着许多甘地毕生的照片、服装和私人物品，其中还包括一件他遭暗杀时所穿的沾着血迹的衣服。每个周末这里还会放映有关甘地的影片。

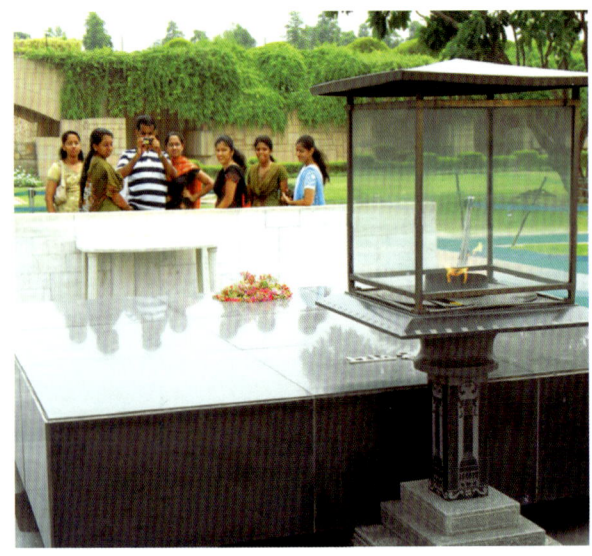

月光市场街 (Chandni Chowk)

- Chandni Chowk
- 从红堡步行前往 1 分钟
- 全天
- 免费

从红堡前方笔直延伸开来的月光市场街，曾是莫卧儿帝国时期的都城大道，据说这里一度装饰着一连串漂亮的喷泉，和今日人声鼎沸、熙来攘往甚至交通混乱的情景，不可同日而语。这里同时也是1739年波斯皇帝纳迪尔·沙汗（Nadir Shah）展开突袭德里行动的起点，在这场战役中，德里不但被洗劫一空，居民也少了3万多人。

尽管如此，这条创建于1650年的大道，至今仍扮演着德里主要市集的角色，大盘市集和零售商店，塞满了月光市场街和附近延伸而出的街道巷弄，干果集市、香料集市、金银饰集市、纸品集市……彼此紧紧相依。它繁忙的景象常让人车寸步难行，不绝于耳的喇叭声响彻云霄，所有德里最生活化的场景在此一一上演。

除了商店之外，寺庙也是月光市场街的特色，在这条长约1.5千米的道路上，坐落着清真寺、印度教寺庙、锡克教寺庙与耆那教寺庙，展现了当地多元的宗教文化，其中位于最西边的法泰普里清真寺（Fatehpuri Mosque），是由沙贾汗的妻子们下令兴建的。

康诺特广场 (Connaught Place)

- 位于德里市区正中央
- 乘地铁黄线或蓝线至 Rajiv Chowk 站
- 全天
- 免费

康诺特广场坐落于新德里北边,可以说是德里的中央地标区域。设计师罗伯特·托尔·拉塞尔(Robert Tor Russell)以高耸的建筑立面和古典的廊柱,使它迥异于旧德里的市集风貌,事实上该广场最初设计时为马蹄铁状,如今却成了一个完整的圆形,并以 7 条放射状路线划分为 12 个区,内圈以 A~F、外环则以 G~L 各编成 6 个区。广场中央临近地铁站,周边林立着银行、航空公司、饭店、电影院、旅游局、邮局、旅行社、书店以及各式各样的餐厅和商店。附近的餐厅有麦当劳、必胜客等西式快餐店,也有印度餐厅,还有经营中国和日本料理的餐厅。

詹达曼达天文台 (Jantar Mantar)

- Sansad Marg, Connaught Place, New Delhi
- 从康诺特广场步行前往约 15 分钟
- 011-23322474
- 日出到日落
- 门票 100 卢比,携带录像机 25 卢比

詹达曼达天文台位于康诺特广场和总统府官邸之间,这座天文台有别于新德里中央区热闹、现代的气氛,以其幽静、宽敞的空间吸引着当地居民,很多人都喜欢来这里散步、聊天。

詹达曼达天文台是斋浦尔的拉贾·沙瓦·杰·辛格二世(Raja Sawai Jai Singh II)大君所设计的五座天文台中的第一座,兴建于 1725 年,它红白两色的高大建筑,在四周的树木与花床的陪衬下,显得相当醒目。

在这些用来预测时间、观测太阳以及月亮等星球移动的设备中,巨大的日晷(Samrat Yantra)是一座高 70 米、底部长 114 米、厚达 10 米的巨大三角形,它 128 米长的斜边直指北极、类比地轴(the Earth's axis),三角形的每一边都刻有分别象征小时、分钟与秒数的计算度量。

半圆形凹状的观测台（Jayaprakash Yatra），可观测星体运行；至于用来标示世界各地许多城市正午时间的观测台（Mishra Yantra），则是其中唯一一座并非杰·辛格二世发明的观测台。

印度总统府与议会大厦
(Rashtrapati Bhavan & Sansad Bhavan)

- Raj Path
- 距离康诺特广场约 2 千米
- 全天
- 免费
- 总统官邸和议会大厦平日不对外开放，只有每年1月，庭院才会对外开放

印度总统府是新德里的地标建筑之一，建于1929年。这座官邸全名为拉什特拉帕提·伯哈旺，由英国建筑师设计，原本是英国殖民时期的总督府，外观融合了莫卧儿风格和西方设计，拥有巨大的铜制圆顶，里面有340个房间和占地广阔的莫卧儿庭院。而在锻铁大门和官邸间有一根45米高的柱子，是斋浦尔王公捐赠的，因此也称为"斋浦尔柱"，柱子上方覆盖着铜制莲花和一枚代表印度的星星。总统府前方有两座外观相似的建筑，分别为国防部和首相办公室。

议会大厦位于总统府的东北方，外观是一座柱廊式的圆形建筑，前方有喷泉水池，议会大厦四周被整齐而宽阔的草地包围着，绿意十足。

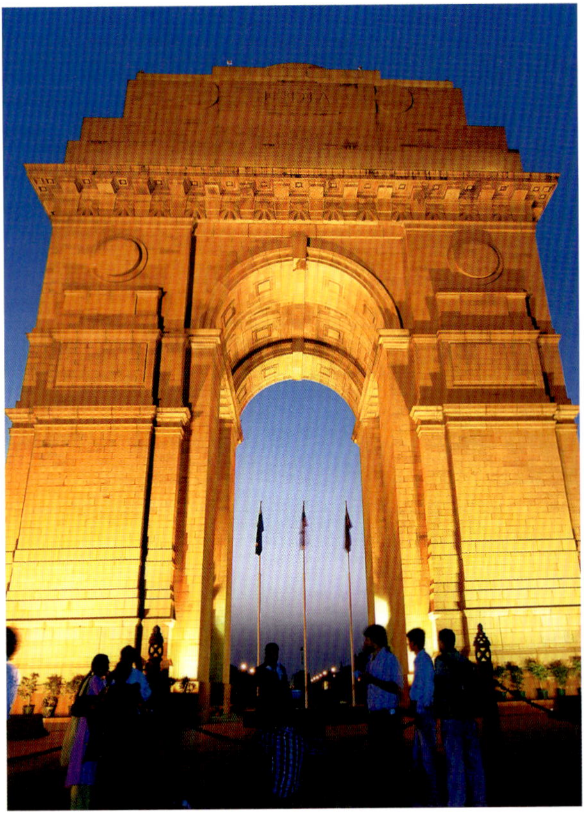

印度门
(India Gate)

MUST-VISIT PLACES 必游之地

- Raj Path
- 距离康诺特广场或总统府各约 2 千米
- 全天
- 免费

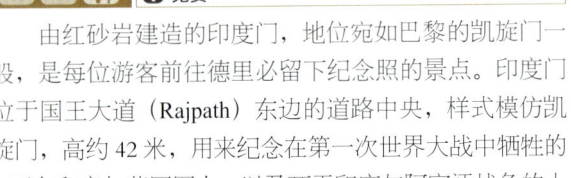

由红砂岩建造的印度门，地位宛如巴黎的凯旋门一般，是每位游客前往德里必留下纪念照的景点。印度门位于国王大道（Rajpath）东边的道路中央，样式模仿凯旋门，高约 42 米，用来纪念在第一次世界大战中牺牲的 9 万名印度与英国军人，以及死于印度与阿富汗战争的士兵，墙壁上刻有 13 500 名阵亡将士的姓名。

印度门到总理官邸之间的国王大道，是一条笔直宽敞的道路，每年 1 月 26 日，印度国庆阅兵都在这条道路上举行。其周边还林立着国家博物馆、国家现代美术馆等机构。

德里

国家博物馆 (National Museum) ★星级推荐

- 11 Janpath
- 可从康诺特广场乘 522 号巴士至 Shivaji Stadium/National Museum 站下
- 011-23019272
- 周二至周日 10:00-17:00
- 门票 300 卢比（含语音导览服务），携带照相机 300 卢比
- www.nationalmuseumindia.gov.in

德里的国家博物馆虽然没有其他国家大都市的博物馆新颖，但是印度 5 000 年历史的最佳见证。馆藏 20 多万件的国家博物馆，沿着中央的圆形广场而建，一共有 3 层楼，其中以 1 楼的展品最为精彩，展出物品包含铜器、陶器、木雕、钱币、织品、珠宝，和表现印度教众神的石雕品。其他楼层则展出印度航海时期的古战舰、传统的乐器等。在这些文物中，以来自丝绸之路沿线所挖掘出来的宝藏最为引人注目，特别是中亚以及哈拉潘（Harappan，印度河谷一带）地区出土的文物，堪称全世界这类收藏品中的佼佼者。

手工艺博物馆
(Crafts Museum)

- Pragati Maidan, Bhairon Road, New Delhi
- 从印度门步行前往约 10 分钟
- 周二至周日 9:30-17:00
- 户外展览免费，展览厅 100 卢比
- nationalcraftsmuseum.nic.in

　　位于印度门的东面，这座犹如村庄的博物馆，里面展示了印度的民间艺术和手工艺品。手工艺博物馆主要分为三个部分，分别为户外展览区、室内展览厅以及手工艺展示区。

　　户外展览区中有一整片展示拉贾斯坦邦建筑石雕的墙面，在这处被称为"雕刻天堂"的区域内，无论是堡垒、寺庙或皇宫，都有繁复细致的花草植物雕刻，用来装饰窗棂、凉亭与壁龛。其中展现印度各邦建筑特色的村庄聚落，更是户外展览区中的重头戏，一条条小径与通道，通往各式各样的传统泥土屋，依各邦造型不同，并装饰着大异其趣的壁画，其中还包含一道拉贾斯坦邦特色豪宅建筑哈瓦利（Haveli）的大门。

　　室内展览厅位于一座装饰华丽的建筑里，门口守护着陶马与神像，共划分为雕刻、民间艺术、宗教仪式、宫廷工艺与织品共 4 个展览厅，各式各样的神像、令人眼花缭乱的挂毯、夸张的首饰等都收藏其中。此外，这里更是全印度少数几处能将各地著名工艺品一网打尽的地方，除了售卖的摊位之外，现场表演的手工艺匠会近距离给游人展示手工艺品制作的全过程。

邦加拉·沙希锡克圣人庙
(Bangla Sahib Gurudwara)

- 位于 Ashoka Road 尽头，靠近中央邮局
- 从詹达曼达天文台步行前往约 15 分钟
- banglasahib.org
- 前往圣人庙除必须包住全身外（长裤或长裙与长袖上衣），无论男女都必须将头发覆盖，在附近的商店中售卖的布帽，一顶约 20 卢比。进入前必须脱鞋，并寄放于两旁有专人服务的寄鞋柜中，爬上阶梯前先用水龙头的水洗净手脚

　　这座非常宏伟的锡克圣人庙，从很远的地方便能一眼望见它那雪白建筑上方的金色洋葱顶。邦加拉·沙希锡克圣人庙是德里当地最著名的锡克圣人庙，与第八位锡克圣人哈尔·克里香（Guru Har Krishan）有关，在 1783 年兴建为锡克圣人庙以前，这里原是印度统治者拉贾斋辛格的别墅。1664 年时，哈尔·克里香居住于此，当时的德里蔓延着天花和霍乱疫情，这位圣人给患者提供援助并广施自家水井中的泉水，却不料也受到感染，并于同年 3 月底在此过世。如今这座水池里的水成为锡克教徒眼中的"圣水"，具有复原的功能，也因此经常可以看见信徒在此清洗自己的手足，也有父母帮襁褓中的婴儿在此进行洗礼。

胡马雍陵墓
(Humayun's Tomb)

- 位于 Lodi Road 和 Mathura Road 的交叉口，由德里前往阿格拉的方向
- 距离印度门约 2.5 千米，可搭乘电动车前往，或搭乘火车在 Hazrat Nizamuddin 火车站下，后步行约 10 分钟可达
- 日出到日落
- 门票 250 卢比，携带录像机 25 卢比

　　混合红色砂岩和黑、白大理石的胡马雍陵墓，不但是德里第一座莫卧儿陵墓，也是印度第一座带有花园的陵墓，它于 1993 年被列入《世界遗产名录》。

　　胡马雍大帝是莫卧儿帝国的第二任皇帝（1508—1556年），胡马雍陵墓是他去世 9 年后，由波斯妻子哈吉碧岗（Haji Begum），同时也是阿克巴大帝的亲生母亲，于 1565 年下令兴建的。日后几位莫卧儿皇家成员也埋葬于此，除了哈吉碧岗之外，也包括沙贾汗最喜爱的儿子达拉希克（Dara Shikoh），以及莫卧儿最后一任皇帝巴哈杜儿汁二世（Bahadur Shah Ⅱ）。

漫游 印度

　　胡马雍陵墓是早期莫卧儿风格的建筑物,后来阿格拉的泰姬陵就是以此为模板加以设计而成的。陵墓建筑采用印度建筑样式,外观采取简单的色调设计,并在拱门内部的墙上嵌入波斯文。游客进入胡马雍陵墓后,首先会穿过有水道的前庭花园,过了西门后才正式踏进陵墓的几何花园,水道将花园区分成格子状,而陵墓就坐落在花园的正中央。

　　陵墓由四方形的柱基支撑,柱基设计有红砂石的拱门和一个个的房间。游人可以由四面中的一个阶梯登上陵墓,陵墓主体为八角形,外观仍旧以多个大小不一的拱门作为装饰,而拱门上雕工精细的格子窗(Jalis),日后也成为莫卧儿建筑的主要元素。宽广的陵墓内部中央仅放置着一具白色大理石棺,石棺底下还有一片四方形的黑白交错的大理石。

顾特卜塔建筑群 (Qutb Minar Complex)

- Aurobindo Marg 和 Mehrauli Badarpur 路口,位于康诺特广场西南方约 15 千米处
- 可从姜帕特大街 505 号乘公交车前往,车程约 30 分钟
- 日出到日落
- 门票 250 卢比,携带录像机 25 卢比

拥有全印度最高石塔的顾特卜塔建筑群,始建于 1199 年,由印度首位穆斯林统治者兴建,它不但是印度德里苏丹国的伊斯兰建筑,同时也是早期阿富汗建筑的典范,该建筑群于 1231 年、1368 年和 1503 年陆续增建。

顾特卜塔 Qutb Minar

整个顾特卜塔共分 5 层,塔高 72.5 米,塔基直径约 14.3 米,塔顶直径约 2.5 米。顾特卜塔是印度伊斯兰艺术的最早典范,修建此塔的是当地的工匠。环绕塔壁的横条浮雕饰带,既装饰着阿拉伯图纹和《古兰经》铭文,同时也点缀着印度传统工艺的藤蔓图案和花彩垂饰,融合了不同的艺术风格。

奎瓦吐勒清真寺 Quw-watul Islam Mosque

奎瓦吐勒清真寺位于顾特卜塔旁边,是印度最古老的清真寺,由顾特卜乌德汀·艾巴克于 1193 年下令兴建,并于 1197 年完工。清真寺包括中庭、铁柱、回廊、祈祷室和印度教、耆那教寺庙等建筑,其原始建筑建立在一座印度教寺庙上,因此环绕四周的石柱柱廊,都雕刻有精细的神像和图腾。

漫游 印度

铁柱 Iron Pillar

奎瓦吐勒清真寺中庭高约 7 米的铁柱，远比清真寺历史还要久远，可追溯至 4 世纪。上面记载着铁柱来自他处庙宇，是用来纪念笈多王朝国王旃陀罗笈多二世（Chandragupta Vikramaditya）的。

阿莱达瓦萨陵墓 Alai Darwaza

阿莱达瓦萨陵墓的样式融合了印度与伊斯兰教的风格，拥有尖形拱门、低矮的圆形屋顶和几何学图案的装饰。

阿莱高塔 Alai Minar

位于奎瓦吐勒清真寺北边的阿莱高塔，是一座未完工的唤拜塔，当年顾特卜沉浸在征服印度教拉吉普特王国的荣耀之中，还想兴建一座比顾特卜塔高 2 倍的唤拜塔，然而当他过世时，这座高塔仅兴建了约 25 米，无人愿意继续完成这项夸张的工程，所以高塔自此就荒废在那里。

阿尔杜德米什陵墓 Tomb of Iitutamish

阿尔杜德米什陵墓位于铁柱西边。阿尔杜德米什是奴隶王朝第三任德里苏丹王。陵墓的圆顶早已毁坏，且外观没有特别的装饰，不过内部刻有几何图形和传统印度教的图案，例如车轮、莲花和钻石等。

印度莲花寺 (Bahai Temple)

- 位于康诺特广场东南方约 12 千米处
- 包车或搭出租车前往
- 011-26444029
- 4—9月9:00-19:00，10月至次年3月9:30-17:30
- 免费
- 通往印度莲花寺的步道下方有鞋子寄放处，入内必须脱鞋且寺庙内部不可拍照

印度莲花寺又名巴哈伊（Bahai）寺，这座外形宛如一朵莲花的白色大理石寺庙，是巴哈伊教分布在全球的其中一处信仰中心，于 1986 年完工，其莲花造型象征着所有宗教的纯洁与平等。过去几十年间，巴哈伊教在全球各地都兴建了庙宇。

巴哈伊教原是伊斯兰教什叶派的一支，但因教义发展已经脱离了伊斯兰教的观点，所以自成一派。巴哈伊教不读古兰经、没有神职人员和地方教堂，只是在每个大洲建造一座纪念性庙宇，并以巴孛、巴哈欧拉以及阿博都巴哈三位先知为中心人物。所有的巴哈伊寺庙都有 9 面墙，代表最大数。位于印度的莲花寺高约 34 米，整座建筑由 27 片花瓣组成，直径达 70 米，四周共围绕着 9 座水池。游客可自由前往印度莲花寺参观，但参观时要保持安静。

住在德里

新德里克拉瑞芝酒店
The Claridges New Delhi
★★★★★

🏠 12 Dr APJ Abdul Kalam Road（Formerly known as Aurangzeb Road）New Delhi
🌐 www.claridges.com

　　酒店位于新德里的政府机关与高级住宅聚集区，邻近甘地博物馆（Gandhi Smriti Museum）。这家历史悠久的五星级酒店，从1950年开始就是当地的地标。酒店的137间客房与套房均采用现代且舒适的设施，却毫不减损其优雅古典的气氛。饭店内共有5间餐厅，提供印度、中式、地中海和各类国际料理，此外还有一家迷人的酒吧和提供异国糕点的面包房。除泳池外，酒店内还有一座绿意盎然的庭院，让人得以远离喧嚣。

岩石星级酒店
Hotel Star Rocks
★★★★

🏠 C-5/30, Safdarjung Development Area, Opposite IIT Main Gate Hauz Khas, New Delhi
☎ 011-49594959
🌐 www.hotelstarrocks.com

　　这家迷人的精品饭店位于南德里，靠近鹿苑（Deer Enclosure）。尽管空间不大，却在妥善的规划下，将一楼区分出洋溢东方禅意的大厅以及温暖质朴的餐厅，客房简单温馨，配备现代化设备。

德里中庭酒店
The Atrium Delhi NCR
★★★★

🏠 Shooting Range Road, Faridabad, Delhi NCR
🌐 www.claridges.com

　　位于德里郊区的德里中庭酒店，距离顾特卜塔建筑群大约4千米，尽管远离市区，但这里拥有大片的绿意与悠闲的气氛。该饭店共有100间客房与套房，贯穿天井的挑高大厅和楼层装饰图样都让人联想起城垛。除了客房外，中庭酒店也提供配备家具的公寓。

德里百老汇酒店
Hotel Broadway
★★★

🏠 4/15A Asaf Ali Road, New Delhi
☎ 011-43663600
🌐 www.hotelbroadwaydelhi.com

阿尔卡经典酒店
Hotel Alka Classic
★★★

🏠 P-16, Connaught Circus, New Delhi
☎ 011-23344328
🌐 www.hotelalka.com

YMCA 观光客旅馆
YMCA Tourist Hotel

🏠 Jai Singh Road, New Delhi
☎ 011-23746031
🌐 www.newdelhiymca.org

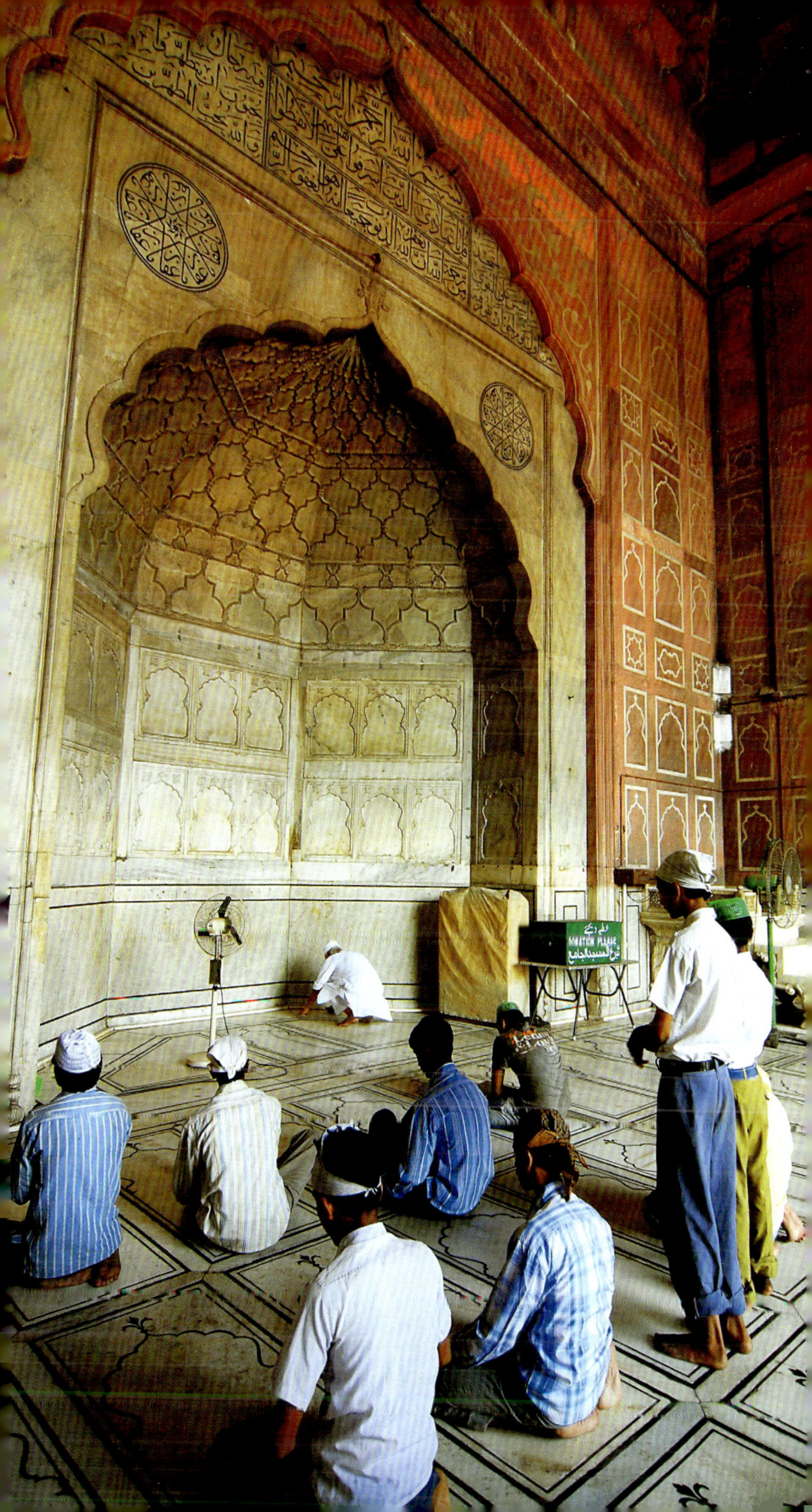
DONATION PLEASE

吃在德里

Spice Route
- Imperial Hotel, Janpath, New Delhi
- 011-23341234
- 12:30-15:00，19:30-23:30
- www.theimperialindia.com

　　这家位于帝国饭店内的餐厅，曾被 Condé Nast Traveler 旅游杂志评选为全球十大餐厅。它以13世纪东西方展开海上贸易时期的商船为餐厅的设计主轴，配以木头装饰的天花板、梁柱与各式雕花的陈列品。最令人大开眼界的是，餐厅特别请到来自喀拉拉邦的工艺艺术家绘制壁画。此外，餐厅内提供亚洲料理，包括南印度、斯里兰卡、泰国、越南、印尼、马来西亚的菜肴。

Jade
- 12 Aurangzeb Road, New Dehli
- 011-39555082
- 12:30-14:45，19:30-23:30
- www.claridges.com

　　这家餐厅位于新德里克拉瑞芝酒店（The Claridges New Delhi）内，2010年9月才在整修后重新开业，游历中国大江南北的主厨，集结了各地的美食精华，并融合且跨越各区食谱，创造出新口味的中式料理。

Nathu's Sweets
- Sunder Nagar Market, New Dehli
- 011-24354982
- 12:30-15:30，19:30-22:45
- www.nathusweets.com

　　这家创立于1936年的甜点店，因美味的北印度和孟加拉甜点而深受人们欢迎，传承至今已有三代，并且在德里各地设有多家分店。它位于桑德纳格尔市场（Sunder Nagar Market）的分店，除糕饼铺外，还附设餐厅，提供美味的北印度料理，包括塔利以及各式各样的馕和汤品，此外还有中式饭面料理以及意式比萨，必须注意的是，该店提供的食物均为素食。

Pindi
- 16 Pandara Road Market, New Dehli
- 011-23387932
- 11:00 至次日 2:00
- www.nathusweets.com

　　这家餐厅以印度和莫卧儿美食著称，多样化的菜单可满足所有人的需求，除了常见的鸡肉与羊肉之外，也提供鱼类料理。此外，这里还有中式料理可供选择。其中特别推荐坦都里烤鸡以及香料鸡（Chicken Masala），这里的馕也相当美味。

Wenger's

📍 A-16, Inner Circle, Connaught Place, New Dehli
☎ 011-23324403
🕐 10:45-19:45
🌐 wengerspastry.com

这家糕饼店生意火爆，客人络绎不绝。它是德里最大也是最有名的糕饼店，各式各样传统或创新的印度甜点，摆满玻璃柜，素以新鲜美味著称。除了甜点外，该店也提供咖啡，但店内没有座位，对于外带者来说，这里确实是喝下午茶的不错选择。

Keventer's

📍 A-17, Inner Circle, Connaught Place, New Dehli
☎ 011-23713573
🕐 9:00-23:00

位于康诺特广场内环 A 区的 Keventer's，是德里最著名的奶昔店之一，店里面积较小，但门口总排着长长的队伍。该店创立于 1917 年，售卖加味奶昔、冰激凌奶昔以及冰激凌，口味包括咖啡、芒果、菠萝、巧克力、草莓等，用透明玻璃牛奶瓶盛装。除奶昔外，该店也提供汉堡、三明治和春卷等小点心。

购在德里

米塔尔茶叶店
Mittal
- 12 Sunder Nagar Market, New Dehli
- 011-24358588
- 10:00-19:00
- www.mittalteas.com

　　印度的大吉岭红茶在国际上享誉盛名，想到德里买茶叶，不妨前往该茶叶店一试。创立于1954年的米塔尔茶叶店位于桑德那格尔市场（Sunder Nagar Market），小小的店面里各式各样的茶叶塞满货架，即使店内毫无装潢，也能吸引很多游客前往采购。店内有超过100种茶叶，除了单纯的大吉岭和阿萨姆红茶外，还有添加了荔枝、芒果、草莓、肉桂等不同口味的加味茶，此外，茶叶店内的大吉岭红茶几乎都是有机茶，价格也不高。

1469
- Shop No.12, Janpath, Connaught Place, New Dehli
- 011-23322585
- 10:30-20:30
- www.1469workshop.com

　　这家印度旁遮普邦特产专卖店位于姜帕特大街，以它极其迷人的橱窗，吸引了无数路人的目光。店内陈列的商品充满质感，包括做工精细的珠宝与铜饰、陶器等手工艺品、手工编织的手袋、色彩缤纷的围巾，以及充满设计感的活泼T恤。

手工艺商业中心
CIE（Cottage Industries Exposition Ltd.）
- D.C.M. Building, 16 Barakhamba Road, New Dehli
- 011-23719110
- 10:00-19:00
- www.cieworld.com

　　这是一家专门销售印度各地高质量手工艺品的购物中心，面积广阔的卖场中，展示着地毯、镶嵌工艺品、珠宝、克什米尔围巾与毛衣、印度改良传统服饰、茶叶以及香氛产品等。这里的服务人员态度亲切，并有专人介绍并表演手工地毯的编织方法与相关知识，店内还有汇兑中心，此外也接受信用卡消费。

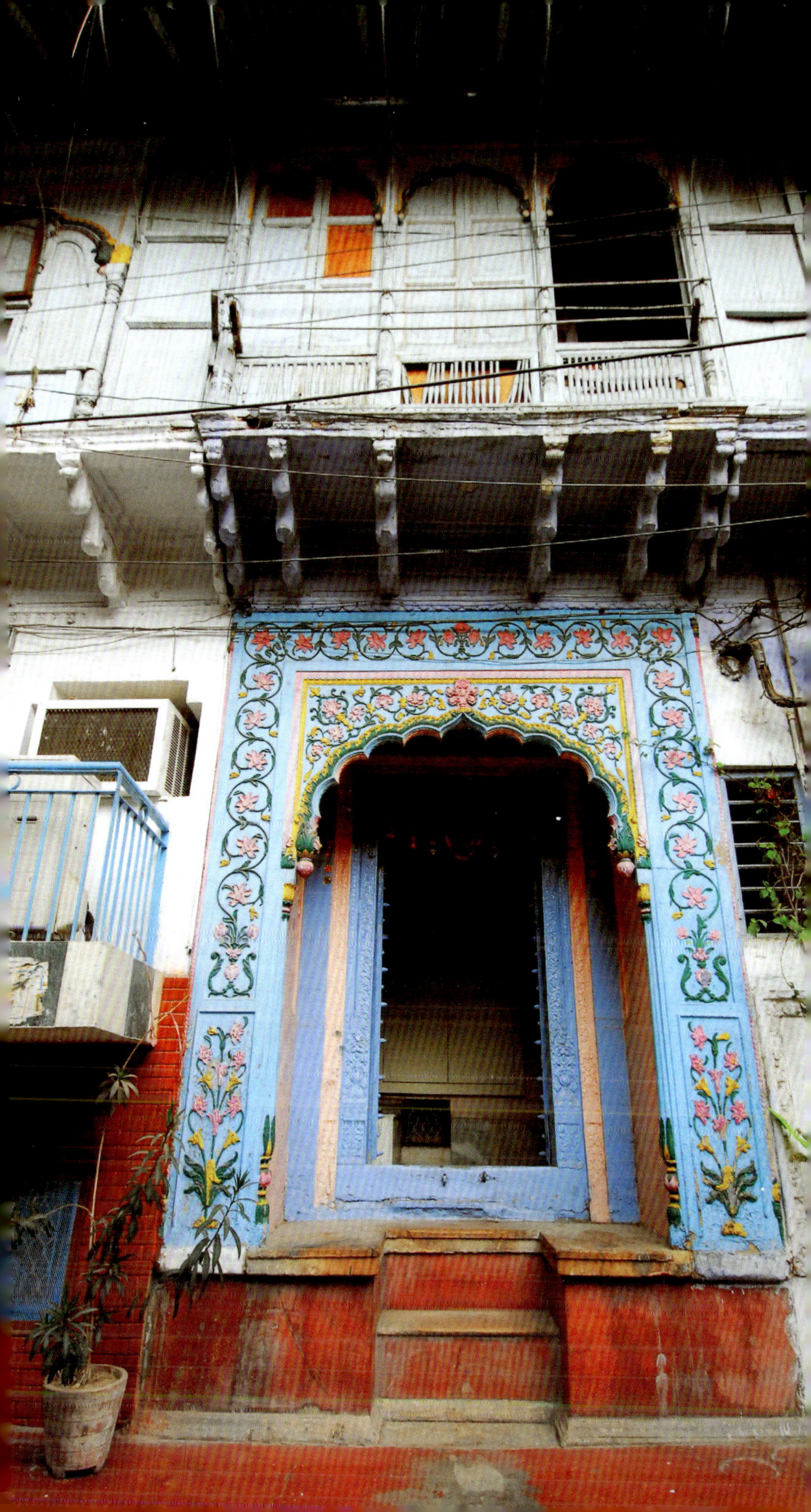

阿格拉

阿格拉拥有3座世界遗产，是印度最受游客青睐的旅游城市，它位于德里南方240千米处，与德里交通往来非常方便。

阿格拉从1526年巴伯尔大帝建国开始，就成为莫卧儿帝国首都，尤其在阿克巴大帝、贾汗季王与沙贾汗三位莫卧儿帝国君王统治期间，阿格拉更成为繁荣的国都。1857年，英国东印度公司推翻了莫卧儿政权；1858—1947年，印度沦为英国统治的殖民地，从此阿格拉就不再是印度的政治重地了。

阿格拉城内街道狭窄，保有中古世纪风貌，主要旅游景点包括泰姬陵、阿格拉堡以及近郊的法塔赫布尔西格里等地。泰姬陵的声名，为现代阿格拉带来无尽的财富。传承自泰姬陵的大理石拼花镶嵌技术，逐渐发展成阿格拉传统手工艺主流。作为阿格拉著名的旅游景点，泰姬陵周边分布着旅馆、餐厅、手工艺品店、集市等，是城内最热闹的区域。

阿格拉交通

如何到达——机场至市区交通

阿格拉机场（Agra's Kheria Airport）距离市区约6千米远，不过游客使用这个机场的机会并不多，此外飞往此地的国内航空公司，淡季时可能会取消部分航班，因此游客最好提前向航空公司确认。从这里前往市区最好提前联系旅馆安排车子接送，也可以碰运气看看有没有出租车排班。

阿格拉机场
 airportsindia.org.in/allAirports/agra_generalinfo.jsp

如何到达——火车

尽管阿格拉拥有超过6个火车站，不过游客最常使用的只有两个，分别为位于阿格拉堡旁边的阿格拉堡火车站（Agra Fort Station），以及位于阿格拉西南方的阿格拉兵营火车站（Agra Cantonment Train Station，昵称为Cantt）。

阿格拉堡火车站主要行驶往来于拉贾斯坦邦的火车，它们少数也停靠阿格拉兵营火车站；阿格拉兵营火车站是阿格拉最繁忙的火车站，该火车站距离泰姬陵比较远，却邻近沙达集市（Sadar Bazaar），因此无论是住宿还是用餐都相当方便。从德里以及大部分南印度城市始发的火车都在此停靠，游客可搭人力车、电动车或出租车前往市区，电动车由此前往泰姬甘吉区（Taj Ganj）的费用约为60卢比。

印度铁路公司
 www.indianrail.gov.in

捷特航空
 www.jetairways.com

如何到达——巴士

阿格拉伊德加公共汽车站（Idgah Bus Station）位于阿格拉兵营火车站（Agra Cantonment Train Station）附近，从德里或拉贾斯坦邦出发的巴士，大都停靠于此，可由此搭人力车或出租车前往市区；也有少部分来自其他地方的巴士，会停靠在阿格拉堡外的阿格拉堡巴士站（Agra Fort Bus Station）。值得注意的是，有些从德里出发的巴士会直接停在阿格拉堡城门外，甚至不需要搭乘人力车即可抵达。

市区交通

阿格拉的景点不多，主要有阿格拉堡、泰姬陵、伊蒂默德·乌德·道लチ陵，以及位于郊区的阿克巴大帝陵墓，这些景点相当分散，基本上很难以步行的方式前往，因此人力车和电动车则成为最佳的往来交通工具。至于想前往更远的法塔赫布尔西格里，搭乘出租车或包车是最好的选择。

人力车和电动车

阿格拉市内交通繁忙且路况不算太好，因此往往会花费许多时间在交通上。不赶时间的游客可以搭乘人力车，这种环保的交通工具更便于欣赏当地风土人情。对于希望能以更省时且经济实惠的方式游览阿格拉的人，可以选择电动车，不过上车前一定要议价，通常从泰姬陵所在的泰姬甘吉区前往阿格拉堡一带需要约40卢比。

出租车和包车

法塔赫布尔西格里距离阿格拉约40千米，因此搭乘出租车或包车前往会比较轻松，除了出租车

招呼站外，一般旅馆大多也能提供包车服务。

Professional Courteous Taxi Service
☎ 9760003754

旅游咨询

印度旅游局
🏠 191, The Mall
☎ 0562-2226378
🕐 周一至周五 9:00-17:30，周六 9:00-16:30
🌐 www.incredibleindia.org

北方邦旅游局
🏠 64 Taj Road
☎ 0562-2226431
🕐 10:00-17:00，每月第二个周末和国定假日公休
🌐 www.up-tourism.com

北方邦政府旅游接待中心
🏠 Agra Cantonment Train Station
☎ 0562-2421204
🕐 8:00-20:00

阿格拉旅游局
🌐 www.agratourism.org

精华景点

泰姬陵
(Taj Mahal)

必游之地 MUST-VISIT PLACES

- 🚌 从阿格拉堡到泰姬陵的西侧入口间有环保电动车往来,也可搭乘人力车或电动车前往
- ☎ 0562-2330498
- 🕐 周六至下周四 6:00-17:00,博物馆 8:00-17:00
- ¥ 门票 750 卢比,博物馆 5 卢比
- 🌐 www.indohistory.com/taj_mahal.html
- ❗ 1. 进入泰姬陵参观,会先经过严格的安检,除参观必须使用的照相机和旅游指南外,其他物品尽量少带。进入陵墓主体必须脱下鞋袜,或者套上购买门票时附赠的鞋套,主体旁设有鞋柜,可寄放鞋子
  2. 参观泰姬陵的最佳时段,是清晨日出之际和黄昏日落时分。清晨游客比较少,参观起来比较舒服;然而拍摄泰姬陵,最好是在下午 3:00 以后到黄昏日落之前,因为下午光线正好斜照在白色陵墓主体上,色调优美柔和

泰姬陵又被译为泰姬玛哈陵,印度诗人泰戈尔曾经形容泰姬陵是"永恒之脸上的一滴泪珠",这座白色的大理石陵墓,每天随不同的光线改变着颜色,宛如进入一场梦境。被誉为世界七大奇观之一的泰姬陵,是游客到印度必去的景点,不论是高超的建筑技艺,还是背后那段感人的爱情故事,都让泰姬陵成为一生中值得一览的地方。

泰姬陵位于亚穆纳河畔,是莫卧儿第五代皇帝沙贾汗为爱妻所兴建的陵墓。泰姬陵于公元 1632 年开始兴建,

共动用了印度和中亚等地工匠约 2 万名，费时 20 多年才建造完成，其样式融合了印度、波斯、中业伊斯兰教等风格。

　　泰姬陵虽然名为陵墓，但是占地范围很广，包括前庭、正门、莫卧儿花园、水道、喷水池、陵墓主体和左右两座清真寺。泰姬陵的建筑概念，来自于平衡、对称，并且与数字"4"有关。在伊斯兰教信仰中，"4"是非常神圣的数字，所以 4 座小圆塔、4 支尖塔和四角形庭院，都是平和与神圣的象征。

漫游 印度

阿格拉堡
(Agra Fort)

- 位于泰姬陵西北方 2 千米处
- 从阿格拉堡到泰姬陵的西侧入口间有环保电动车往来，也可搭乘人力车前往
- 0562-2364512
- 日出到日落
- 门票 300 卢比，携带录像机 25 卢比
- asi.nic.in/asi_monu_whs_agrafort.asp

MUST-VISIT PLACES 必游之地

阿格拉从 1526 年巴伯尔大帝建国开始，就成为莫卧儿帝国首都，尤其在阿克巴大帝、贾汗季与沙贾汗三位莫卧儿帝国君王统治期间，阿格拉更成为繁荣的国都。因此阿格拉堡在莫卧儿帝国的历史上，扮演着举足轻重的角色。

阿格拉堡原本是洛提王朝（Lodis）的碉堡，1565 年被阿克巴大帝攻克，此后，阿克巴大帝便将莫卧儿帝国的政府机关从德里迁往阿格拉，自此这里才逐渐转变成皇宫。

阿格拉堡周围环绕着护城河以及长约 2.5 千米、高约 21 米的城墙。阿克巴采用红砂岩修建阿格拉堡，并加入大理石和错综复杂的装饰元素。一直到他的孙子沙贾汗执政时，阿格拉堡才有现今的规模。

和泰姬陵一样，阿格拉堡也是临亚穆纳河河畔而建的，因此在这里就能欣赏到泰姬陵的风采。然而讽刺的是，沙贾汗年老时被儿子奥兰卡巴（Aurangzeb）软禁于阿格拉堡的塔楼中，仅能遥望泰姬陵来思念爱妻。

阿格拉堡有 2 个城门，其中阿马辛格门（Amar Singh Gate，又称作 Lahore Gate）是今日的主要入口，同时也是装饰最美的一个城门，其名称出自一位焦特布尔的印度王公。目前阿格拉堡内的建筑物都已被列入古迹保护的范围，部分并未对外开放。

贾玛清真寺与集市
(Jama Masjid & Market)

- 位于阿格拉堡对面，靠近火车站
- 从阿格拉堡搭乘电动车前往附近约30卢比
- 日出到日落
- 清真寺需脱鞋入内，忌穿无袖上衣、短裤与短裙

和德里的红堡一样，阿格拉堡的附近也有一座贾玛清真寺，是沙贾汗于1648年时为他最心爱的女儿，同时也是他和蒙泰姬·玛哈的长女贾汗娜拉（Jahanara）所建的。一座拥有五道拱顶的大门通往中庭，清真寺的上方顶着三座巨大的圆顶。这座清真寺造型简单，除了红砂岩的主结构外，仅以少量的白色大理石装饰，并将屋顶和墙壁涂成蓝色。

清真寺的四周散布着一个极其庞大的集市，是当地居民生活的重心，各式各样的摊贩与商家，售卖着色彩缤纷的纱丽布料、廉价首饰以及大人小孩的衣服，汹涌的人潮几乎将街道挤得水泄不通，林立其中的甜点店和小餐厅，不时传来食物的味道与油炸的热气。高挂空中纷乱无章的电线几乎遮蔽了老建筑的外观，这个集市还有一个特色，那就是抬头一看，你就会发现许多攀爬电线的猴子，表演着犹如走钢丝般的特技。

伊蒂默德·乌德·道拉陵
(Itimad-ud-Daulah's Tomb)

- 亚穆纳河的左岸，距离泰姬陵约4千米
- 从阿格拉堡搭乘人力车前往约60卢比，步行前往约10分钟
- 0562-2080030
- 日出到日落
- 门票110卢比，携带录像机25卢比
- 陵墓需脱鞋入内

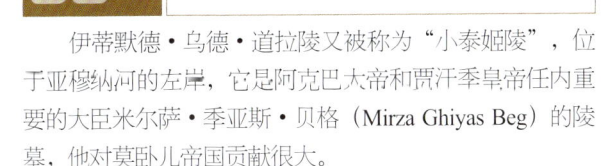

星级推荐

伊蒂默德·乌德·道拉陵又被称为"小泰姬陵"，位于亚穆纳河的左岸，它是阿克巴大帝和贾汗季皇帝任内重要的大臣米尔萨·季亚斯·贝格（Mirza Ghiyas Beg）的陵墓，他对莫卧儿帝国贡献很大。

贝格是贾汗季最宠爱的皇后努尔·贾汗（Nur Jahan）的父亲，在他过世之后，这位权倾一时的皇后于1622—1628年间，修建了这座陵墓，尽管它的规模不大，但成为泰姬陵的蓝图。

小泰姬陵的外观为白色，采用大量的棕色和黄色波斯大理石，是当时印度第一座镶嵌波斯大理石的建筑，颇具沙贾汗皇帝在位时的建筑特色。陵墓采用错综复杂的镶嵌技术，圆形的屋顶、八角形的唤拜塔、以单片大理石雕成的细密纹路的格子窗，以及几乎对称比例的设计，如此精雕细琢的模样，替它赢得了"珠宝盒"的美称。

陵墓内部中央是贝格和妻子的坟墓，其他则是家族亲戚的墓碑。内部可以看到许多精美的镶嵌与赛克大理石的几何图案，在四周的墙壁上也可以发现镶嵌着花瓶、树木、水果和酒瓶等图案的大理石，散发出浓厚的波斯气息。

漫游 印度

法塔赫布尔西格里
(Fatehpur Sikri)

- 位于阿格拉城以西 40 千米处
- 可在阿格拉的 Idgah 巴士站搭乘巴士前往，车程 1~1.5 小时，平均每 30 分钟一班车，费用为 22 卢比，比较舒适的方式是包出租车前往，往返阿格拉约 600 卢比
- 日出到日落
- 宫殿区 260 卢比，携带录像机 25 卢比，清真寺区免费
- 包车前往法塔赫布尔西格里的人，必须在法塔赫布尔西格里约 2 千米远的停车场下车，然后以步行的方式或转搭电动车前往，电动车往返约 100 卢比

必游之地 MUST-VISIT PLACES

　　被称为"胜利之城"的法塔赫布尔西格里城，是阿克巴大帝于 1571—1585 年间精心规划的新都，用来纪念伊斯兰教苏非教派圣者沙利姆·奇斯蒂（Salim Chishti）。之所以会纪念这位圣人，还有一个故事。话说年近 30 岁的阿克巴大帝一直苦于无子嗣，当时有一位圣人在法塔赫布尔西格里附近的石屋内讲道，于是阿克巴大帝不远千里从阿格拉到此朝圣，希望能获得神的祝福，果然这位圣人不负他所望，允诺他将会有三名子嗣。结果 10 个月后，他的皇后便为他生下一名男婴，也就是后来的贾汗季皇帝。

法塔赫布尔西格里城拥有6千米长的城墙、7座城门，城内有皇宫、公众大厅、土耳其苏丹宫、社交天井、流动凉水池、后宫、陵墓和印度最大的清真寺。由于当时动用了来自印度各地的工匠与建筑师，因此在伊斯兰建筑元素中还可以看出印度教与耆那教的装饰艺术风格。

法塔赫布尔西格里城内的建筑遗迹，可以分成宫殿和清真寺两个区域，宫殿区从售票处附近的公众大厅进入，里面包括伯巴勒之屋、米里兰宫、潘契马哈勒、私人大厅、久德哈拜宫等；清真寺区从布兰德达瓦喳大门进入，里面是贾玛清真寺和伊斯兰教圣人沙利姆·奇斯蒂的陵墓。

漫游 印度

阿克巴大帝陵墓
(Akbar's Mausoleum)

- 位于阿格拉市区西北方 10 千米处
- 从市区搭乘人力车前往约 70 卢比
- 0562-2641230
- 日出到日落
- 门票 110 卢比，携带录像机 25 卢比
- 进入陵墓需脱鞋

　　阿克巴大帝陵墓，位于阿格拉西北方的坎德拉（Sikandra），1600 年时，阿克巴大帝已然选好陵墓所在地，并规划了建筑蓝图。然而这座陵墓却是在他死后由贾汗季皇帝下令于 1605 年兴建，并于 8 年后完工的。

　　该陵墓是一座红砂岩建筑，配以白色大理石的圆顶，四周围墙中央各建有一道大门，位于南边的正门镶嵌着白色大理石图案，四方角落都设有一座唤拜塔，该大门装饰着繁复的花草图案与几何图形，异常富丽堂皇。阿克巴大帝陵墓有四道大门，其中一道属于阿克巴家族专用，其他三道分别为伊斯兰教徒、印度教徒、基督徒所使用。

　　陵墓四周是典型的莫卧儿花园，用中央水道划分为四个区域，花园内饲养着大量鹿群，活泼的小松鼠也经常在水道中觅食，给人相当悠闲的感觉。陵墓本身是一栋宏伟的建筑，不过和阿格拉当地的莫卧儿式建筑有着迥异的外观，一座巨大的方形基座上，层层叠叠的不是圆顶，而是一个高达三层的开放式建筑，建筑装饰着多座头顶白色大理石圆顶的凉亭，造型相当独特，根据推测可能是贾汗季在半途修改了最初阿克巴大帝的蓝图所致。陵墓内部比较宽敞，不过仅有阿克巴大帝棺墓静静地躺在那里，接受后人的瞻仰。

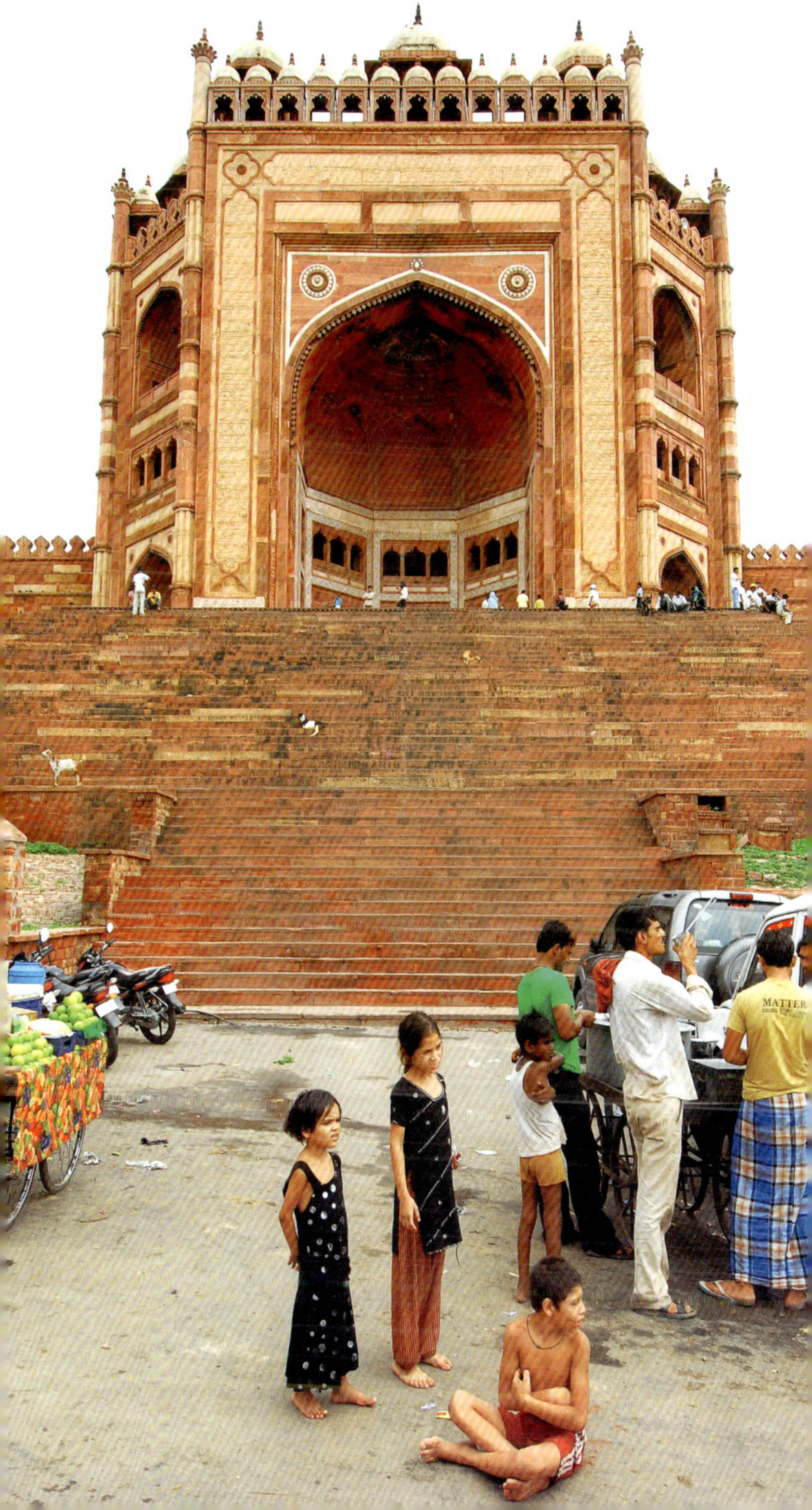
MATTER

住在阿格拉

杰皮宫酒店
Jaypee Palace Hotel
★★★★★
- Fatehabad Road, Agra
- 0562-2330800
- www.jaypeehotels.com

　　该酒店距离泰姬陵不过5分钟的车程，是一家五星级大饭店，这里有绿意盎然的庭院与露天游泳池，以及350多间舒适的客房与套房。酒店内设餐厅，提供自助餐、烧烤、中国菜以及北印度料理等美食。

克拉克斯希拉兹酒店
Hotel Clarks Shiraz
★★★★★
- 54 Taj Road
- 0562-2226121
- www.hotelclarksshiraz.com

　　坐落于泰姬路上的这家高级饭店距离泰姬陵不过1千米远，因此在它235间客房和2间套房中，拥有部分可以直接欣赏到泰姬陵的景观房。除了可以欣赏泰姬陵的景色之外，这里还有现场音乐表演，更有莫卧儿、中国以及欧洲料理。

霍华德公园广场酒店
Howard Park Plaza
★★★
- Fatehabad Road
- 0562-2331870
- www.Sarovarhotels.com

　　这家三星级酒店位于阿格拉旧市区的中心，附近林立着咖啡馆、旅行社和商店。该店拥有86间客房与套房，麻雀虽小但五脏俱全，设施除餐厅、酒吧和咖啡厅外，还有一个SPA中心与一座环抱于建筑中的露天游泳池。

山雅翰酒店
Shahjahan Hotel & Restautant
★
- South Gate, Taj Mahal, Tajganj
- 0562-3200240

　　酒店位于泰姬陵景区南门附近，价格实惠且服务周到。

玛雅酒店
Maya Hotel & Restaurant
★
- 18/184, Purani Mandi Circle, Fatehabad Road, Tajganj
- 0562-2332109
- www.mayainmagic.com

　　玛雅酒店距离著名的泰姬陵仅500米，酒店提供餐饮、24小时接待台和免费无线网络等服务。

阿马尔酒店
Hotel Amar
★★★
- Tourist Complex Area, Fatehabad Road
- 0562-2331884
- www.hotelamar.com

　　这家酒店地理位置优越，邻近泰姬陵、阿格拉堡等著名景点。

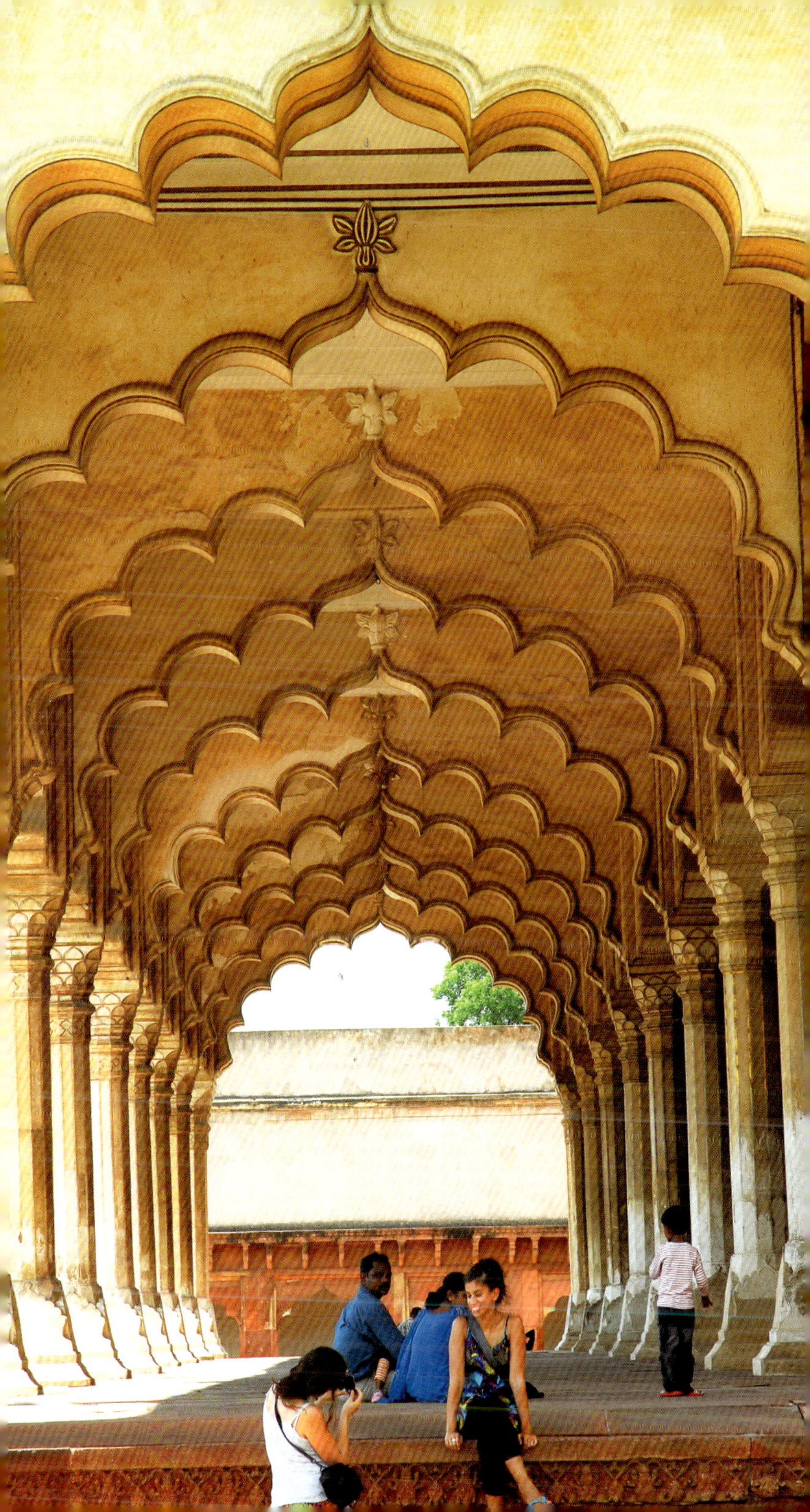

吃在阿格拉

Park Restaurant
- 183-A, Taj Road, Sadar Bazaar
- 0562-2226323
- 10:30-23:00

这家餐厅邻近沙达集市，深受当地居民和外国游客的喜爱。餐厅装潢简单，菜色却相当美味且价格合理，特别是莫卧儿式鸡肉料理最值得推荐，其他食物还包括坦都里烤鸡和各种口味的咖喱，另有中餐、意大利面等美食供应。

Riao
- 44 Taj Road
- 0562-3299663
- 12:00-21:00
- www.claridges.com

该店距离克拉克斯希拉兹酒店不过几步之遥，室内装饰着雕刻圆柱、传统家具以及吊灯，让人联想起阿格拉莫卧儿王朝的历史。尽管该餐厅也提供中式餐饮，不过北印度和莫卧儿食物才是这里最拿手的菜色，奶油香料鸡、奶香炖杂豆（Dal Makhni）或沙希奶酪（Shahi Paneer）都相当美味。

购在阿格拉

Kohinoor
- Fatehabad Road
- 0562-2230027
- 9:30-19:00
- www.kohinoorjewellers.com
- **参观刺绣博物馆须预约**

从莫卧儿式建筑上缤纷的宝石镶嵌装饰,就不难看出这个民族对于珠宝的热爱,特别是出现在画像中的皇帝和贵族,各个无不穿金戴银,身为帝国首都的阿格拉自然也拥有许多杰出的宝石镶嵌师傅。

Kohinoor 是个历史悠久的珠宝商家族,从莫卧儿帝国时期便已存在,该家族凭借着对于珠宝的热爱,以及与当地优质手工艺师傅家族的长期合作,将许多洋溢莫卧儿风情的首饰、配件加以复刻,让繁荣一时的帝国再度于世人面前展现它过人的奢华。不过,你可别以为 Kohinoor 的东西都非常贵,事实上这里展售的刺绣工艺品价格亲民,非常适合当作伴手礼。

然而 Kohinoor 最令人感到惊艳的地方是展览厅中附设的博物馆,里面收藏了印度近代最伟大的刺绣艺术家 Shams 的作品,他杰出的技术对于该项艺术的贡献,甚至获得了印度总统颁赠的国家奖章。他发明了独特的3D刺绣技术,使其作品栩栩如生,让观赏者仿佛可以透过他的一针一线,看到微风轻抚树梢、溪水潺潺流过、盛开的花朵飘散着香气……生动得令人难以言喻。参观此博物馆免费,但需要提前预约。

Kalakriti
- 41/142 A/1, V.I.P. Road to Taj Mahal, Fatehabad Road
- 0562-4045370
- 9:00-19:30
- www.kalakriti.org

在阿格拉如果想买高质量的硬石镶嵌艺术品,不妨前往 Kalakriti。虽然阿格拉聚集着许多优秀的手工艺匠,然而他们却面临着失业而必须转行的困境。1972年,为了不让这些优良的文化传统消失,今日 Kalakriti 的老板找来了上千位优秀的手工艺匠,创立了这家结合工作坊与展览厅的公司。在这里,游客可以通过介绍了解硬石镶嵌的制作过程,并且从中了解辨别硬石真伪的基本知识。除了大理石手工艺品外,这里还有木雕、铜器、银器、地毯、绘画等工艺品,可以满足所有游客的需求。

加尔各答

依傍恒河支流胡格利河（Hugli River）的加尔各答，是印度主要的工业城市，同时也与孟买、马德拉斯并称为印度三大贸易港。昔日曾为英国殖民地政府总部的它，历经繁华与经济衰退，文化层次多元而丰厚，有脏乱嘈杂的传统市集，也有现代化的百货公司；有传统的印度教神庙，也有殖民时代遗留下的具有浓厚欧洲色彩的建筑；能够瞻仰特雷莎修女于垂死之家的陵墓，并申请担任一日义工，也能够参观诺贝尔文学奖得主印度诗人泰戈尔的故居。城市间一栋栋建筑，老的新的，远的近的，都逃不过光影的追逐，在街道广场、书房神庙、桥梁博物馆间，造就了这城市独特的影像。

在加尔各答，不论是食物还是交通、建筑都展现出有别于其他城市的异国风情与多元文化。从传统喧闹的印度大街，到宁静典雅的西方建筑，游客可以体验各式不同的交通工具或以散步的方式来欣赏这个城市。较具特色的建筑景观多位于热闹的朝润希大道上，如维多利亚纪念馆、迈丹公园、哥特式风格的圣保罗教堂及印度博物馆等，此外，街上还汇集了许多饭店、银行与航空公司等。同样位于市中心的重要区域BBD Bagh，则聚集着政府相关单位、法院、邮局等。

加尔各答交通

如何到达——机场至市区交通

加尔各答的苏巴斯德拉博士国际机场（Netaji Subhash Bose International Airport），距离市中心约17千米，国内外航线都在此机场起降。国内航线从德里到加尔各答航程约2小时，从金奈约2小时40分钟，从孟买约2小时。

乘机场内的预订出租车，前往市中心需要35～50分钟，费用230～250卢比；搭乘机场巴士至市区艾斯普拉内德（Esplanade），费用约40卢比，时间视交通状况而定。还可以坐公交车到达姆达姆（Dum Dum）地铁站，然后坐地铁到公园街（Park Street）或艾斯普拉内德（Esplanade）站，总费用约20卢比。飞机相关信息可拨142/140查询。

Netaji Subhash Bose International Airport
 www.calcuttaairport.com
捷特航空
 www.jetairways.com

如何到达——火车

加尔各答有两个主要火车站，分别是豪拉（Howrah）站和锡尔达（Sealdah）站。豪拉站是数条铁路汇聚的大站，往来印度各城市的长途列车主要都停靠此，从德里到加尔各答的特快车需18小时以上，从孟买出发约需32小时，从瓦拉纳西出发约8小时以上。锡尔达站属于东南部铁路（South Eastern Railway，SER）、加尔各答西孟加拉国邦郊区铁路，往东可到达孟加拉边界，从大吉岭搭乘火车"大吉岭之星"便可抵达此站，车程约10小时。铁路信息可拨131查询。

印度铁路公司
 www.indianrail.gov.in

如何到达——巴士

加尔各答两个主要的巴士站分别是巴布加特公园巴士站（Babughat Park Bus Stand）和艾斯普拉内德巴士站（Esplanade

Bus Stand)。艾斯普拉内德巴士站位于市中心,多是往来西孟加拉邦境内城市的巴士；往来其他城市的长途巴士多在位于胡格利河旁的巴布加特公园巴士站,到普里(Puri)、兰契(Ranchi)、菩提伽耶(Buda Gaya)等附近城市需要160～200卢比,车程约12小时以上,出发时间多为傍晚。

市区交通

乘坐加尔各答多样化的交通工具,是体验当地文化的另一种方式,当地有公交车、三轮车、电动车、有轨电车(Cable Car)、地铁、渡轮与出租车。在这些交通工具中,最特别的是有轨电车与出租车,相较世界各地的有轨电车,加尔各答的电车不仅复古,而且造型多样,大部分从市中心艾斯普拉内德出发,因为这里是交通枢纽。

市中心区朝润希街(Chowronghee)与尼赫鲁街(Jawaharlal Nehru)一带景点可步行游览。大部分景点都可搭乘大众交通工具抵达,在市中心区则可搭乘有轨电车游览,票价依路段长短而定,约为4卢比。公交车路线虽然多,但经常人满为患、过站不停,需随机应变跳到车上,所以不建议游客搭乘。其他交通工具如出租车、嘟嘟车、人力三轮车等多以议价为主。从市区到胡格利河对岸的豪拉火车站可搭乘渡轮,可避开市区交通的拥塞,费用约4卢比。

旅游咨询

印度旅游局
- 4 Shakespeare Sarani
- 033-22825813/22821402
- 周一至周五 9:00-18:00,
  周六 9:00-13:00
- www.incredibleindia.org

西孟加拉邦旅游局
- 3/2BBD Bagh East
- 033-22488271
- 周一至周五 9:00-18:00,
  周六 9:00-13:00

精华景点

印度博物馆 (Indian Museum)

- 27 Jawaharlal Nehru Road
- 从 Park Street 地铁站步行前往约 5 分钟，或从朝润希街步行前往
- 033-22499902
- 3–11 月 10:00–17:00，12 月至次年 2 月 10:00–16:30，星期一与国定假日休馆
- 150 卢比
- www.indianmuseumkolkata.org

星级推荐

印度三大博物馆之一的加尔各答印度博物馆，建于 1814 年，是印度最早且馆藏最丰富的博物馆，收藏了大量从史前印度大河文明到莫卧儿王朝、从佛教到印度教的历史文物与艺术品，馆内分为人类学馆、地质学馆、动物学馆等，展出着许多史前文物、化石。其中，地质馆堪称亚洲收藏最丰富的展馆。博物馆建筑本身也是欣赏重点之一，白色意大利风格的建筑，廊道里的装饰花园和喷水池的中庭，被光线衬托出的一座座石雕，这些可都是历史悠久的古文物而非复制品，馆藏之丰富可见一斑，游客俯仰之间都是收获。

圣保罗教堂 (St. Pauls Cathedral)

- Cathedral Road
- 从 Rabindra Sadan 地铁站或朝润希街步行前往 5～10 分钟
- 9:00–12:00，15:00–18:00
- 无

必游之地

圣保罗教堂是加尔各答的第一座教堂，最初完成于 1847 年，历经 1934 年的地震后，才参照英国坎特伯雷大教堂的哈里钟塔（Bell Harry Tower）重新修建成现在的样貌，以白色大理石打造的哥特式建筑，宏伟壮观，内部挑高的结构展现出教堂庄严的氛围，室内陈设了雕工精致的木作工艺与座椅，抬头则是镶嵌着彩绘玻璃的绚烂窗栏，极具欧式风格。

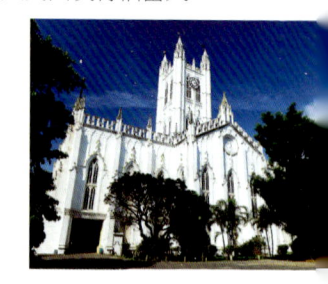

维多利亚纪念馆
(Victoria Memorial)

- Maidan 公园南端
- 从 Maidan 地铁站步行前往约 10 分钟
- 033-22235142
- 公园 10 月至次年 2 月 5:45-17:45，3—9 月 5:30-18:15；纪念堂 10:00-17:00，周一与国定假日休息
- 公园 4 卢比，纪念馆 150 卢比

占地约 40 平方千米的迈丹公园（Maidan）就位于加尔各答的市中心区。当地最具欧洲风格特色的建筑与最热闹繁荣的尼赫鲁街都紧邻迈丹公园，包括位于公园南端的维多利亚纪念馆。

英国殖民时代留下的维多利亚纪念馆，融合了意大利文艺复兴风格及莫卧儿建筑元素，沿着四周步道，可以从不同角度欣赏这座以白色大理石打造的典雅建筑。水池倒映着建筑主体，庭院一片花草绿意，就像是漫步在美丽的欧洲宫殿，到了夜晚，在声光的投射下，又是另一番风情。纪念馆内的博物馆陈列着许多英国维多利亚女王时代的文物、印度当代的艺术品等。

泰戈尔故居 (Rabindra Bharti Museum)

- 6/4 Dwarkanath Tagore Lane
- 搭乘出租车或从 Girish Park 地铁站步行前往需 15～20 分钟
- 033-22181744
- 周二至周六 10:30-16:30
- 50 卢比
- www.rabindrabharatimuseum.org

印度最伟大的诗人、亚洲第一位获得诺贝尔文学奖的作家——泰戈尔,其故居地点相当隐蔽,四周是平凡且混乱的巷道,没有像样的大门与指示标识,游客得花些时间才能找到那道相当低调的入口。泰戈尔故居融合了印度与欧洲风格的设计,建筑环境典雅而优美,透过阳光,树叶随微风摇曳的光影洒在门廊和窗台上;四周围绕着花园,诗人的雕像就矗立于庭院中,此建筑犹如加尔各答城市荒漠中的一处小小绿洲,默默地存在、见证着这位文学巨匠的一生。

进入博物馆前,游客必须脱鞋并将随身物品锁进置物柜,建筑 2 楼和 3 楼是博物馆,保留了诗人生前居住时的摆设,在这里可以参观到他的起居室、卧室与遗物的陈列;展览室则展出他生平的相片与相当珍贵的手稿及画作。

特雷莎修女故居 (Mother Teresa House)

- 54, A.J.C. Bose Road
- 乘出租车或从 Sudder St.、Jawaharlal Nehru Road 步行前往需 20～25 分钟
- 033-22497115
- 故居与博物馆 8:00-12:00,15:00-17:30
- 免费
- www.motherteresa.org

特雷莎修女又被译为泰瑞莎修女,在印度备受敬重,尤其在加尔各答,她在世时所成立的垂死之家,收容了许多流落街头、疾病交迫的穷人,也感动了来自世界各地的义工,他们纷纷投入垂死之家的服务工作。特雷莎修女的墓就位于其故居中,内部保存了修女生前的起居室,同时也陈列了其遗物,供游客参观瞻仰。

迦利女神庙 (Kali Temple)

- Kali Temple Road 与 Kalighat Road 之间
- 位于 Kalighat 地铁站与 Jatindas Park 地铁站之间，从地铁站步行前往约 10 分钟
- 033-22231516
- 5:00-15:00, 17:00-22:00
- 进入寺庙必须脱鞋且不可拍照

迦利女神是印度教中的毁灭女神，是湿婆神之妻帕瓦蒂（Parvati）的化身之一，以恐怖残酷的形象著称。印度教徒相信迦利女神能阻挡灾难、带来祝福，加尔各答人更尊奉迦利女神为该市的守护神，因此这里每天都吸引了相当多的信徒前来膜拜献祭，在这里可以看到当地人宰杀牲畜，以鲜血祀奉的血腥场面，具有相当浓厚的印度宗教氛围。寺庙周围的街道十分热闹，有许多小贩与售卖纪念品的商店，外国游客在此可以感受到印度教信仰的文化。

大吉岭

坐落于喜马拉雅山麓、印度东北部，与尼泊尔、锡金相邻的大吉岭是一座群山围绕的美丽山城，历史上曾经历过锡金、英国、尼泊尔的短暂统治，使其融合了多元种族与文化，这里有尼泊尔人、印度人、锡金人、西藏人、不丹人等，当地的孩子都会说两种以上的语言。

　　平均海拔2200多米的大吉岭，抬头就能远眺世界第三高峰干城章嘉山，峰峦叠翠的壮阔山景、茶园云海以及错落在山谷间的村庄景致俯拾即是，得天独厚的地理环境与气候也让大吉岭出产的红茶名闻国际，品尝红茶是来大吉岭不能错过的行程之一。

　　周边景点除了纳入《世界遗产名录》的大吉岭蒸汽小火车外，还有罗伊德植物园、喜马拉雅登山学会与动物园以及快乐谷茶庄等地。这里的市区相当热闹繁荣，所有的楼房与街道，都和满山的茶园一般沿山而建。市场与火车站位于山下，山上则有著名的朝拉萨广场，市区间蜿蜒的街道两旁则林立着许多旅馆、餐厅、咖啡馆、小吃店、邮局、银行、电影院与百货公司。这里的环境、治安、卫生以及居民的友善程度，比印度其他城市都好得多。

大吉岭交通

如何到达——机场至市区交通

距离大吉岭最近的机场是巴克多拉机场（Bagdogra Airport），该机场到大吉岭为90千米，到大吉岭山下最近的城镇希利古利（Siligur）为12千米。从市区到大吉岭可先搭乘巴士或出租车至希利古利，再从希利古利搭乘吉普车到大吉岭，车程约3小时。由加尔各答搭乘印度国内班机至巴克多拉机场的航程约为1小时。

如何到达——火车

距离大吉岭最近的国内火车站为邻近希利古利的新贾霸古利（New Jalpaiguri）火车站，从加尔各答搭乘火车至此需10～12小时，由此搭乘蒸汽火车至大吉岭至少需8～9小时。

大吉岭火车站票务预约服务
☎ 0354-2252555

市区交通

大吉岭市区不大，各景点步行可达，也可搭乘公交车或与他人共乘吉普车，车费约5卢比；若要前往老虎岭、锡金可在市区巴士或出租车站搭乘吉普车。

旅游咨询

西孟加拉政府旅游办事处
🏠 1 Nehru Road
☎ 0354-2254050
🕐 周一至周六 10:00-16:30

外国人登记办公室
🏠 Ladenla Road, 印度银行对面
☎ 0354-2254203

精华景点

大吉岭蒸汽小火车 (Darjeeling Himalayan Railway)

- Hill Cart Road, Darjeeling（大吉岭火车站）
- 从市中心步行前往约 10 分钟
- 上、下午各一班，往返 1.5～2 小时
- 往返 240 卢比

必游之地 MUST-VISIT PLACES

　　大吉岭最有名的除了红茶，就是世界最古老、被列入《世界遗产名录》的大吉岭蒸汽小火车了，从 1881 年营运至今，在青藏铁路开通前，它也是世界上最高的铁路火车。窄轨、体型较小的蒸汽小火车活像复古的大玩具，依照着百年前的机制运行，铁轨沿着山坡呈 Z 字形兴建，在群山中绵延百里。由此可想象当年建筑工程之浩大，这也成为代代子孙引以为傲的成就，即使科技与时代的进步也无碍于他们对于传统的尊敬与坚持，因为这造就了世界文化遗产的观光价值。在市区不时可见小火车穿梭于街道间，与民房比邻，与汽车争道，构成有趣的城市景观。

　　小火车目前依旧行驶，在大吉岭每天有两班车，提供游客体验之旅，以时速不到 40 千米的速度前进着，只行驶于大吉岭和甘姆（Ghum）间，途中会在战争纪念碑景点以及甘姆火车站停留，此外，游客还可参观设于站内的 DHR 小火车博物馆。

漫游 印度

快乐谷茶庄 (Happy Valley Tea Estate)

- Pamphawati Gurungni Road（位于市区 Hill Cart Road 下方）
- 从大吉岭火车站或市区巴士站步行前往 20～25 分钟
- 周一至周六 8:00-16:30

星级推荐

　　快乐谷茶庄呈梯形沿着山坡分布，在云海间更显辽阔，从市区马路望去，可见一点点穿梭于山坡间的色彩，那是背着竹篓正在采摘茶叶的妇女们。每年 4—10 月，旅客可以来此参观当地采茶与手工制茶的过程。一走进茶厂，经烘焙的浓烈茶香扑鼻而来，展现出世界三大红茶之一的魅力。朝拉萨广场周边有一些大型的茶叶连锁店，由于茶叶种类众多，不懂茶的游客也可请店家一一介绍，或坐下来享用现泡的茶，再选择喜爱的品种，不过大型茶店主要针对游客，价位较高。山车路（Hill Cart Road）市场街上有一家茶店物美价廉，当地人与一些餐厅都是这家店的老主顾，虽然这里的茶叶没有精美的包装，但都是从茶园直接送达，所以质量佳，价格也合理。

老虎岭 (Tiger Hill)

- 位于大吉岭市区东南方 13 千米处
- 可步行或搭乘吉普车前往，吉普车最好于前一天在车站预订，并请司机到旅馆附近搭载，一般针对观光客，往返票价约 100 卢比
- 10 卢比

在老虎岭观赏干城章嘉峰与喜马拉雅山群峰的日出，是来大吉岭旅游的重点行程。海拔 2590 米的老虎岭距离市区约 13 千米，看日出的游客得凌晨摸黑出门，搭乘吉普车前往，破晓前，山顶已人头攒动，由观景台眺望，一侧是等待太阳浮现的云海，一侧是等待阳光照耀的群峰，天空呈现出波斯菊般的金黄色，太阳升起那刻，阳光照耀着干城章嘉峰并反射出山顶积雪的银色光芒，那景色每分每秒都在变化，让人惊艳之余更舍不得离开半步，只为多看这壮阔的景致一眼。若幸运的话，游客在这里还能远远看见圣母峰。

瓦拉纳西

关于恒河，有人为它著述，有人视它为"神圣之地"，对印度教徒来说，瓦拉纳西是湿婆神的领地，恒河更是灵魂最终长眠的安息地，因此就算往生后，也坚持与它融为一体。即便无法在此终逝，也要在这里放生一头圣牛，让灵魂与恒河共生。

瓦拉纳西是印度最具有灵气的圣地，同时也是北印度的文化中心，对印度教徒来说，如果能够死在瓦拉纳西，无论今生做了什么事，都能从轮回中得到解脱。

瓦拉纳西旧称Kashi，意思是"光之城"。此地曾被称为贝拿勒斯（Banaras），直到1956年才正式命名为瓦拉纳西。瓦拉纳西的名称由来，源自于该城的地理位置，它正好位于恒河和瓦鲁纳河（Varuna）、亚西河（Assi）的交汇处。瓦拉纳西有2000多年的历史，原本是一处印度教文化中心，但因公元11世纪时被穆斯林统治，上千座印度教寺院遭到摧毁，同时这里还兴建了许多清真寺。直到公元1738年，瓦拉纳西才恢复印度教城市的风貌。

瓦拉纳西交通

如何到达——机场至市区交通

瓦拉纳西机场（Varanasi Ba-batpur Airport）在瓦拉纳西西北方22千米处，捷特航空和印度航空每天都有从德里飞往瓦拉纳西的航班，航程约75分钟。瓦拉纳西机场虽然有巴士前往市区，不过班次少又费时，建议游客直接在机场搭乘预付出租车，前往旧城区费用约350卢比，车程约30分钟，如果搭乘电动车费用约175卢比。

捷特航空
www.jetairways.com

如何到达——火车

位于德里和加尔各答之间的瓦拉纳西，是两地间重要的交通枢纽。游客前往瓦拉纳西较常使用的火车站有两个，一个位于市区，另一个位于近郊。在新市区的瓦拉纳西火车站（Varanasi Junction Railway Station）是瓦拉纳西的主要火车站，地理位置相当方便，可搭乘人力车到靠近河边的旧市区旅馆，费用约50卢比，德里和加尔各答都有火车停靠于此。另外，在瓦拉纳西以东17千米处，还有一个莫卧儿瑟赖火车站（Mughal Sarai），当地巴士和出租车固定往来于该火车站与瓦拉纳西之间。

如何到达——巴士

大部分长途巴士站位于瓦拉纳西火车站（Varanasi Junction Railway Station）以东几百米的地方，位于主要道路（Grand Trunk Road）上。

市区交通

瓦拉纳西市内都可以人力车或电动车代步，从市区火车站前往旧市区中心，搭乘人力车约30卢比、电动车约50卢比。

旅游咨询

印度旅游局
- 15B, The Mall
- 0542-2501784
- 周一至周五 9:00-17:30，周六 9:00-14:00

北方邦旅游咨询服务亭
- Varanasi Junction Train Station
- 0542-2506670
- 7:00-21:00

精华景点

恒河
(Ganges River)

> 恒河游船是瓦拉纳西的必游体验，游客只要一接近河坛，就会有船夫前来拉客

必游之地 MUST-VISIT PLACES

流经瓦拉纳西的恒河，是印度教徒举行无遮大会的地点，每年都有超过百万的印度教徒聚集在此沐浴、净身。对于印度教徒而言，一生之中至少要到恒河沐浴、净身一次，而死后如果能够在恒河畔举行火葬并将骨灰撒入河中，灵魂就得以解脱、轮回转世。

恒河由南向北流，上、下游地带分别有亚西河和瓦鲁那河注入恒河。恒河河岸从上游至下游，大约有20个不同名称的迦特（Ghat）。迦特就是河坛，这里每一座河坛都有不同的景观、功能和宗教意义。其中位于中游的达萨瓦梅朵河坛（Dashaswamedh Ghat）是河岸主要入口之一；此外恒河中游的拉刺塔河坛（Lalita Ghat）是居

漫游 印度

民的洗衣场；位于下游的亚西河坛（Asi Ghat）是沐浴场，旁边的图里斯河坛（Tulis Ghat）以 16 世纪末印度诗人为名，至于须瓦拉河坛（Shivala Ghat）则属于瓦拉纳西王公所有。

恒河游船似乎成了瓦拉纳西的必游项目，只要游客一接近河坛，就会有船夫前来拉客。最佳的游河时间是清晨 6:00 左右，游客可以一边欣赏日出，一边观赏印度教徒在恒河畔净身、冥想、做瑜伽到洗脸刷牙的精彩画面。通常一小时的船程基本收费约 50 卢比（约 2 或 3 人）。

由于印度人吃喝拉撒都离不开恒河，就连骨灰也是一并倒入河内，再加上水牛和其他动物不时在河内洗澡，有时还会出现付不起火葬费的尸体，建议游客不要学习印度人下水沐浴，甚至直接喝水。

黄金寺庙
(Golden Temple)

- 从旧市区达萨瓦梅朵路步行前往约7分钟
- 非印度教徒不可入内参观，此外该寺庙安检严格，相机和电池都不能携带入内

星级推荐

黄金寺庙又称为毗湿瓦那特寺庙（Vishwanath Temple），坐落于旧市街中心，是瓦拉纳西印度教寺庙中地位最崇高的一座。黄金寺庙最早兴建于公元5世纪，12世纪时受到穆斯林的破坏，莫卧儿时期这里曾经被改造为清真寺，目前所见的寺庙是1776年重建后的结果。

黄金寺庙主要供奉湿婆神，每天都有无数信徒前来献祭花朵和油灯，而它名称的由来和贴满屋顶的800丁克金箔有关，金箔在阳光下闪烁着灿烂的光芒，更显示出这座寺庙的神圣与重要性。

非印度教徒禁止入内与摄影，不过游客可以进入寺庙外围的区域，但随身不能携带手机或照相机等任何拍照工具。寺庙外有一口智慧井（Jnana Vapi Well），据说喝了这口井里的水的人都能够得到智慧，不过现在已经被围住了。黄金寺院周围是宗教敏感的区域，因为距离这里不远处就有一座白色的清真寺，所以附近都有荷枪实弹的印度军人来回巡逻，戒备十分森严。

鹿野苑 (Sarnath)

- 位于瓦拉纳西东北方约 10 千米处
- 自瓦拉纳西搭乘电动车单程 80~100 卢比,如果想参观当地的各个寺院,最好包一辆人力车,以免在炎热的天气里步行过久。另外在市区火车站前也有公交车前往鹿野苑,费用为 8 卢比
- 佛教遗迹公园日出到日落,考古博物馆 10:00-17:00
- 佛教遗迹公园 100 卢比,携带录像机 25 卢比,考古博物馆 2 卢比
- 参观博物馆必须将照相机存放在寄物柜中

鹿野苑是印度境内最重要的佛教遗迹之一。当年释迦牟尼佛在鹿野苑的竹林精舍初次对弟子说法,当时在旁听法的 5 位比丘,是世界上最早的佛教僧侣与僧团。佛陀圆寂大约 200 年后,印度孔雀王朝的阿育王在此建立了佛塔和佛寺,并竖立了一根巨大的石柱,以纪念佛陀初转法轮之地。阿育王石柱四面都刻饰着狮子雕像,目前印度纸钞上的图案,就是以这个古印度徽章为原型的。

佛教在印度没落之后,鹿野苑曾遭穆斯林入侵,许多佛教建筑都被破坏,后来在英国考古学家的挖掘之下,才重新恢复昔日的光彩。目前鹿野苑的佛教遗迹公园包括达美克佛塔(Dhamekh Stupa)、阿育王石柱残迹、朝山丘(Chaukhandi Mound)、慕尔甘陀哈·库提·维哈尔(Mulgandha Kuti Vihar)、考古博物馆(Archaeological Museum),以及后来兴建的各国寺院。其中达美克佛塔是一座双层圆筒造型的建筑,建造于公元 5 世纪的笈多王朝时期,塔身雕刻了许多古老精致的图案。

此外,慕尔甘陀哈·库提·维哈尔是一座新建的寺院,样式模仿菩提伽耶的摩诃菩提神庙,里面供奉着佛陀初转法轮时的金色佛像。寺内墙壁上装饰着描述佛陀生平故事的彩色绘画,是日本画家野生司香雪的作品,在寺院内还可选购有关鹿野苑和佛迹的书籍。寺院右侧庭院里有一棵围着护栏的菩提树,是从斯里兰卡切枝移植而来的。

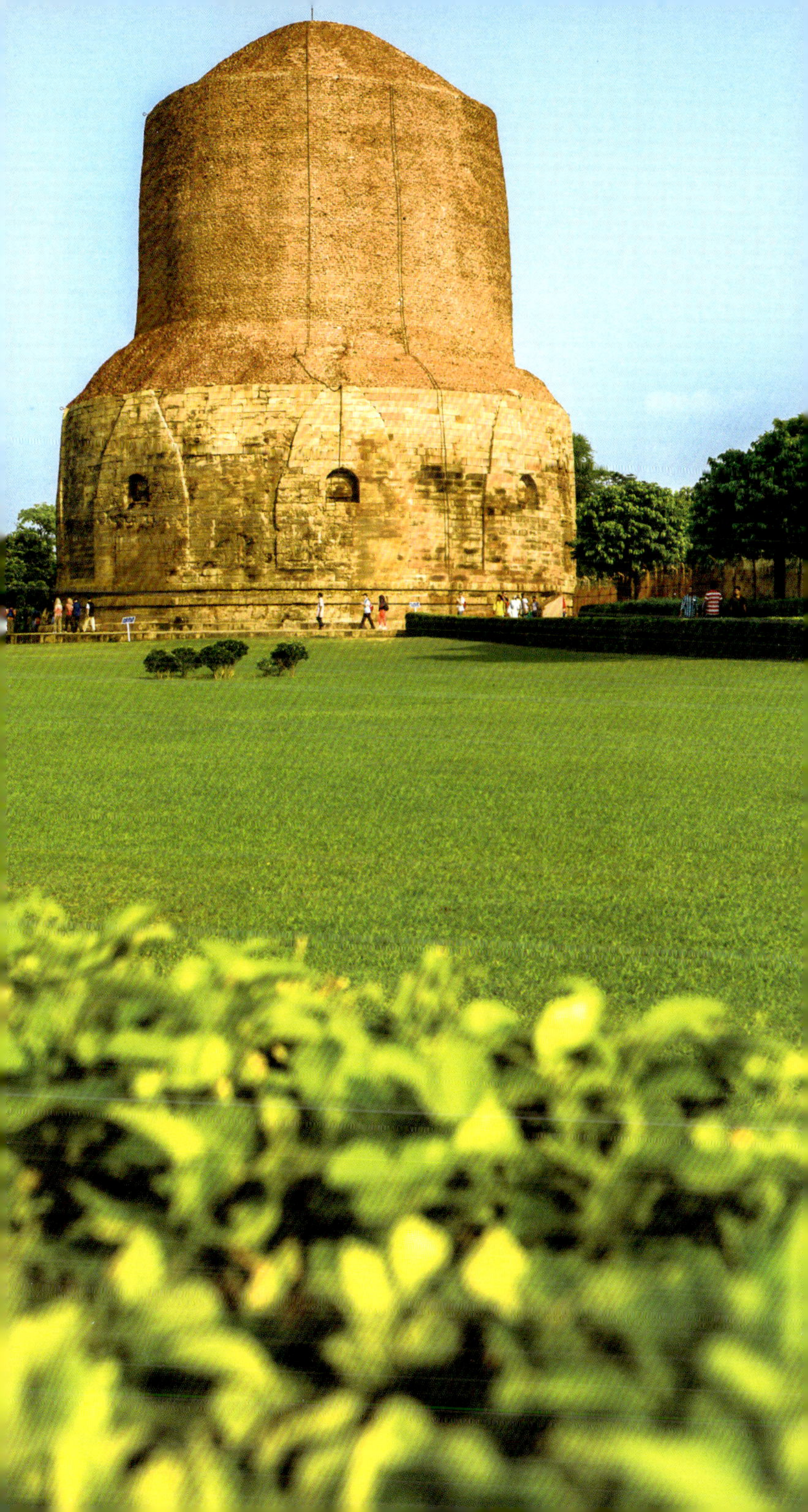

菩提伽耶

菩提伽耶之于佛教徒，就好比麦加圣地之于穆斯林那般地位崇高。这里就是佛陀在菩提树下悟道的地方。凡是来到菩提伽耶的人，第一眼总会被高耸雄伟的摩诃菩提神庙所震慑，不论走到哪里，它总是无法忽视的地标。佛陀成正觉之后的250多年，也就是公元前3世纪，阿育王在菩提树下安放了一块金刚座并建造了一座正觉塔，后来几经锡兰王、缅甸王的重修、整建，又受到穆斯林、火灾、洪水的毁坏，神庙毁了又盖，盖了又毁，直到19世纪六七十年代，考古挖掘才让它重见天日。

菩提伽耶主要遗迹包括菩提树、摩诃菩提神庙、阿育王石柱、金刚座（Vajrasana）等，是1861年英国考古学家亚历山大·康宁汉（Alexander Cunningham）挖掘出来的，于1870年修复。菩提伽耶周边，还有一座考古博物馆和亚洲其他佛教国家兴建的寺院，以及佛陀在悟道之前与苦行过程中所留下的种种传说和遗迹。

菩提伽耶交通

如何到达——巴士

菩提伽耶是个小村落，最近的城镇为13千米外的格雅（Gaya），与德里、瓦拉纳西和加尔各答之间都有火车通达，从格雅可以搭乘电动车前往菩提伽耶，车程约半小时，价格约100卢比，记得砍价。

菩提伽耶

精华景点

摩诃菩提神庙 (Mahabodhi Temple)

- 5:00–21:00
- 免费
- 进入摩诃菩提神庙得脱鞋，门口有寄放鞋子的地方

必游之地

　　摩诃菩提神庙又称为大菩提寺，高50米。远看摩诃菩提神庙，似乎只有一座高耸的正觉塔，其实整座寺院腹地庞大，布局繁复。这其中包括七周圣地、佛陀足印、阿育王石栏楯、菩提树、金刚座、龙王池、阿育王石柱，以及大大小小的佛塔、圣殿和各式各样的钟、浮雕和佛像。有些为原件，有些则是重修，部分雕刻收藏于加尔各答博物馆和伦敦的V&A（Victoria & Albert）博物馆。

漫游 印度

　　而备受瞩目的焦点便是菩提树和七周圣地。当年玄奘曾跪在菩提树下，热泪盈眶，感叹未能生在佛陀时代。今天所看到的菩提树，已非当年佛陀打坐悟道的原树，这树跟摩诃菩提神庙一样命运多舛，不断与外道、伊斯兰教对抗，遭到焚毁与砍伐，最后则是从斯里兰卡的安努拉德普勒（Anuradhapura）带回树枝，长成现在的满庭荫树。据说这树枝是公元前3世纪阿育王的女儿僧伽蜜多（Sanghamitta）前往斯里兰卡宣扬佛教时，从菩提伽耶原本的菩提树移植的分枝所繁衍的后代。

菩提伽耶

　　至于七周圣地则是佛教经典中，佛陀正觉后冥想和经行的地方。这包括了第一周在菩提树下打坐；第二周在阿弥萨塔，不眨一眼望向成道之处；第三周佛陀双足落地，便有莲花涌出之处；第四周佛陀放出五色圣光，也就是现在全世界佛教红、黄、蓝、白、橙五色旗的由来；第五周在一棵榕树下禅定，提出众生平等的理念；第六周在龙王池度化龙王；第七周有两位缅甸商人皈依佛陀，佛陀致赠八根佛发，目前供奉在缅甸仰光的大金塔里。

漫游 印度

各国寺院及精舍
(Temples & Monasteries)

- Temples & Monasteries
- 全天
- 免费

必游之地

　　凡是拥有众多佛教信徒的国家，多半会在菩提伽耶这个佛教圣地盖起代表自己国家和地区的寺院建筑，好比泰国寺就盖成泰式寺庙的样子，西藏庙则饰有唐卡、藏经及转经轮。总之在这里，游客可以看到许多不同风格的寺庙，有泰国寺、西藏寺、不丹寺、日本寺、中国寺、斯里兰卡寺、越南寺、尼泊尔寺、韩国寺、缅甸寺等。

菩提伽耶

尼连禅河及苏迦塔村
(Nairanjana & Sujata)

- Nairanjana & Sujata
- 全天
- 免费

星级推荐

　　从菩提伽耶市区行经苏迦塔桥，越过尼连禅河，可以前往位于河对岸的苏迦塔村，当年佛陀苦行沐浴的尼连禅河现称为法古河（Falgu River），而佛陀苦行时接受妇女苏迦塔供养乳粥的苏迦塔村，今天则被称为巴卡罗村（Bakraur）。

　　过河后左手边有一座颓圮的土丘遗址，据说是阿育王时代所建，用来纪念苏迦塔，此地也是她当年所居住的地方。站在苏迦塔山丘上，可以眺望东北方的前正觉山（Pragbodhi），以及周围的田园和农舍景观。

斋浦尔

斋浦尔是拉贾斯坦邦（Rajasthan）中最受欢迎的旅游城市，因为它与德里和阿格拉并称为传统北印度热门"金三角"旅游路线。距离德里266千米的斋浦尔，同时也是拉贾斯坦邦的首府。

斋浦尔有"粉红城市"之称，1876年时，为了迎接英国威尔斯王子到访，而将旧城内所有的建筑物全都涂成了粉红色，并外加白色边框。而拉贾斯坦邦炙热的阳光，将这些建筑照得发亮，尤其是黄昏时分，更让斋浦尔的旧城散发出一股浓浓的沙漠气息。此外，斋浦尔聚集了许多来自拉贾斯坦邦各地的商人，因此这里便成了不折不扣的购物天堂。

拉贾·沙瓦·杰·辛格二世（Raja Sawai Jai Singh II）为了巩固自己的政治地位，自琥珀堡迁都至斋浦尔，于1728年，委托孟加拉籍建筑师查克拉瓦提规划都城。有了建筑师的协助，他按照古印度地图的形式，将斋浦尔划分成象征宇宙九大分土的长方形区域，里面的建筑物融合了印度寺庙、耆那教寺庙以及莫卧儿建筑风格。高大的城墙具备防御功能，商家和居民的住家大门都位于街道的侧面，以便举办皇室游行时不受当地人的干扰，为了引水入城，该地还特别建构了复杂的地下水道系统。

斋浦尔交通

如何到达——机场至市区交通

斋浦尔的机场（Sanganer Airport）位于距离市中心以南约15千米处，从德里、孟买、乌代布尔、焦特布尔和加尔各答等地，都有航班往来。飞往斋浦尔的航程从德里约需50分钟，从乌代布尔约需75分钟，从孟买约需1小时35分钟，捷特航空与印度航空都有航班。从机场到市区可搭乘机场巴士，车费为30卢比，乘电动车，车费为150卢比，乘坐出租车，车费为250～300卢比。

捷特航空
www.jetairways.com

如何到达——火车

斋浦尔的火车站位于城市以西1.5千米处，四周聚集着大量的旅馆，从这里可以搭乘预付电动车（Prepaid Auto-Rickshaw）到旧市区，费用约30卢比。

印度铁路公司
www.indianrail.gov.in

如何到达——巴士

从德里和阿格拉都有直达巴士前往斋浦尔，车程各约需5小时和5.5小时，这些巴士停靠于斋浦尔的南面。另外从拉贾斯坦邦其他城市前来的巴士，则停靠于车站路（Station Road）上的邦际长途巴士总站，巴士站有预付电动车的票亭，从这里到旧市区需30卢比。

市区交通

斋浦尔主要的景点位于旧市区，基本上游客可以以步行的方式参观旧市区内的景点，如果懒得走路的话，也可以随时搭乘电动车或人力车，人力车单程的车费20～30卢比。

如果游客必须从旅店坐车前

往旧市区（请避开早晨和午后的高峰时刻），或是打算前往琥珀堡，除了人力车和电动车外，也可以搭乘出租车，出租车每千米收取8~10卢比的费用，另外也可委托旅馆或任何一处拉贾斯坦邦旅游开发公团（RTDC）安排包车服务，前往琥珀堡费用约400卢比。

无线电出租车服务
☎ 0141-2225000

旅游咨询

印度旅游局
🏠 State Hotel, Khasa
☎ 0141-2372200

🕘 周一至周五 9:30-18:00，
　 周六和国定假日 9:00-13:30
🌐 www.incredibleindia.org

拉贾斯坦邦观光开发公团
🏠 斋浦尔火车站附近
☎ 0141-2315714
🕘 24 小时

拉贾斯坦邦观光开发公团旅客接待中心
🏠 Tourist Hotel, M.I. Road
☎ 0141-5110598
🕘 周一至周六 10:00-17:00

精华景点

城市宫殿
(City Palace)

- 位于旧城市中心
- 0141-2608055
- 9:30-17:00
- 300 卢比（包含语音导览，以及一个星期内有效的斋格尔堡门票），携带录像机 200 卢比
- www.msmsmuseum.com
- 语音导览必须抵押附照片且有英文标识的个人证件，或是 2 000 卢比的押金，博物馆内禁止拍照

必游之地 MUST-VISIT PLACES

　　融合拉贾斯坦邦与莫卧儿风格的城市宫殿，是斋浦尔最主要的观光景点，这里不仅是历任斋浦尔大君的住所，还能一览皇室的生活文化，就连现任的斋浦尔大君沙瓦·巴哈旺·辛格（Sawai Bhawani Singh）的皇室家族也住在这里。

　　辛格家族统治斋浦尔已经有好几百年的历史了，莫卧儿帝国时期曼·辛格（Man Singh）大君曾经担任阿克巴大帝的最高统帅，而杰·辛格曾经与贾汗季皇帝合作密切。今日城市宫殿所在的建筑，于 1720 年由拉贾·沙瓦·杰·辛格二世大君下令兴建，这栋装饰典雅的七层建筑物，于 1959 年部分开放为博物馆，其余部分目前仍为大君家族使用。

风之宫 (Hawa Mahal)

- Sireh deorhi Bazaar
- 从城市宫殿步行前往约 10 分钟
- 9:00-16:30
- 50 卢比

必游之地 MUST-VISIT PLACES

　　风之宫是斋浦尔最著名的景点，砖红色的美丽建筑，很难不吸引游客的目光。之所以称为风之宫，是因为站在宫殿里的每个角落，都可以感觉到微风吹动的凉意。该宫殿由萨瓦·普拉塔·辛格大君（Sawai Pratap Singh）于 1799 年下令兴建，虽然不位于城市宫殿之内，不过也算是宫殿内的部分建筑。这里主要是让后宫中的仕女嫔妃，能够在不让他人瞧见自己容颜的情况下，站在蜂窝状的窗户后透透气、吹吹风，观赏城里大街上往来的人群。

　　宫殿由 953 扇窗户巧妙构成，绘饰着白色边框和图案。这座五层式的建筑，从正面看，好像一座巨大的宫殿，其实内部只是一片厚墙的宽度而已，并没有特别值得参观的地方。不过，站在风之宫顶楼可以俯瞰斋浦尔旧城全景和远方矗立在山顶的城堡。如果想要入内参观，就要走到一旁的崔波莱市集（Tripolia Bazaar），才会看到大门。

漫游 印度

崔波莱市集 (Tripolia Bazaar)

🏠 位于城市宫殿和风之宫前方
🚶 从城市宫殿步行前往约2分钟

★ 星级推荐

　　斋浦尔旧城内有好几个传统市集，都是当地主要的购物区。位于城市宫殿和风之宫前方的崔波莱集市，出售的物品包括拉贾斯坦邦地区的黄铜器、皮革制品、布料、织品和民俗手工艺品等，游客经常云集此地。

　　拉贾斯坦邦地区的织品、印花、蜡染和手工绣布，多半镶嵌有镜片、亮片，或绘饰有骆驼、孔雀、大象、花朵、植物等图样，具有丰富的色彩和主题，充满浓厚的民俗味。这些绣布和织品，可分别制成服饰、门帘、桌巾、床单等，具有实用和收藏价值。此外，模仿拉贾斯坦王公和王妃造型的人偶，以及骆驼皮制成的凉鞋、座椅、皮饰，也是市集内常见的手工艺品。除了崔波莱市集，斋浦尔城内还有出售各式各样的织品和香水的巴布市集（Bapu Bazaar），以出售手镯和女性饰品为主的昌德波尔（Chandpol）市集，以及主要出售女性纱丽布料、珠宝的乔哈里市集（Johari Bazaar）。

斋浦尔金塔曼塔天文台
(Jantar Mantar)

- Chandni Chowk, City Palace 的外围
- 从城市宫殿步行前往约 5 分钟
- 9:00-16:30
- 100 卢比

必游之地 MUST-VISIT PLACES

斋浦尔的金塔曼塔天文台，堪称全世界最大的石造天文台，位于风之宫后方，是杰·辛格二世于1728—1734年所建的。这位非常热衷天文学的大君，在兴建天文台之前，先将天文学家送到法国和葡萄牙等欧洲国家学习相关知识，而他本人更参考印度、希腊以及伊斯兰占星术，融合了各家所长后，在印度各地兴建多达5座的天文台，除斋浦尔外，还包括德里、瓦拉纳西、乌贾因（Ujjain）以及马图拉（Mathura），其中又以斋浦尔天文台的观测仪种类最多，保存得也最为完整。

斋浦尔的金塔曼塔天文台曾经于1901年整修过，目前共有16种造型精巧有趣的天文观测仪，尽管在望远镜发明后，金塔曼塔天文台逐渐失去它的功用，但其观测仪至今依旧相当准确。

在这些观测仪中，体积庞大的终极观测仪（Samrat Yantra）几乎占据整个园区1/4的面积，高达27米，是全世界最大的日晷，南北走向的三角墙直指北极星，日光在

漫游 印度

观测仪刻度上产生的影子,每秒钟移动 1 毫米,每分钟约移动 6 厘米,在还没有中央标准时间规范以前,这座观测仪替斋浦尔标示当地时间,以两秒为单位精确报时。

黄道带观测仪(Rashivalaya Yantra)是另一组相当有趣的观测仪,共由 12 座仪器组成,分别以不同角度指向各个星座,每个星座观测仪下方还绘制着洋溢着莫卧儿风情的星座图案,相当有趣。这座观测仪是杰·辛格二世的发明,主要供占星使用。位于入口处的星盘观测仪(Yantra Raj)拥有两个巨大的星盘,上方刻着密密麻麻的 360°线条,主要用来测量天体星球的时间与位置。外形犹如两个大碗的观测仪(Jaya Prakash Yantra),分别象征着以地球为中心、被子午线分成两半的天球,用来寻找所有天体星球的相对位置。极像标靶的赤道观测仪(Nadivalaya Yantra),左右侧各有一道阶梯向上攀升,上方的刻度分别面对着南北两方,主要用来测定太阳位于南北半球的位置和时刻。

琥珀堡
(Amber Fort)

- 位于斋浦尔以北 11 千米处
- 在风之宫附近有当地巴士前往琥珀堡,车程约 30 分钟,另可搭乘出租车或电动车前往
- 8:00-16:00
- 150 卢比
- 搭乘电动车或出租车可以直接抵达入口,也可以在山脚下骑大象上山,每趟约 750 卢比(可坐 2 人),不过大象只在上午提供服务

琥珀堡矗立于高山上,一眼望去,有一股气势磅礴且不可侵犯的霸气,然而城堡在阳光照射下呈现的温暖金黄色调,却又透出皇宫般的贵气与优雅,这里是游客前往斋浦尔必访的郊区景点。

斋浦尔四周有多座城堡,周围险峻起伏的山丘上,延伸着一道道的城墙与要塞,其中又以琥珀堡最值得一游。琥珀堡是 1592 年时由拉贾·曼·辛格(Raja-Man Singh)大君开始建造,历经 125 年方才完工的,在长达 1 世纪的时间里,这里扮演着卡其哈瓦拉吉普特王朝(Kachhawah Rajputs)首都的角色。

琥珀堡所在位置地势险要,下方有一条护城河,周围环绕着蜿蜒的高墙。整座城堡居高临下,捍卫着斋浦尔城。该堡的建筑物由不同时期的宫殿组成,包括象神门、公众大厅、胜利厅、欢喜厅、虚什玛哈勒、莫卧儿花园等。虽然整体来说保存不算完善,不过依稀可以追忆当时华丽的设计风格。

漫游 印度

中央博物馆 (Central Museum)

- Ram Niaws Gardens
- 距离风之宫不到2千米，可搭乘电动车或人力车前往
- 周六至下周四 10:00-16:30
- 30 卢比
- 馆内禁止拍照

星级推荐

中央博物馆又称作亚伯特厅（Albert Hall），位于旧城外。当年英国的威尔斯王子到访斋浦尔时，由拉姆·辛格二世（Ram Singh II）大君于1876年时下令兴建。建筑师模仿伦敦的维多利亚伯特厅而建，结合了红砂岩和大理石石材，具有英国建筑风格。博物馆内收藏着印度传统织布、珠宝、钱币、瓷器和展现各民族生活方式的模型，虽然建筑本身有些老旧，不过入内参观还是有助于增进对拉贾斯坦邦文化的认识。

贝拉庙
(Birla Temple)

- 位于中央博物馆南侧约2.5千米处
- 可搭乘电动车或人力车前往
- 日出到日落
- 寺庙内不可拍照

　　这座由资本家贝拉家族兴建的神庙，白色的外观使得整体建筑更显庞大，位于中央的主建筑高坐于一道平台上，由一道道的阶梯连接。

　　虽然是造型传统的印度庙，但贝拉庙却让人入内后发出惊叹，原因在于墙壁上镶嵌着类似西方教堂的彩绘玻璃，尽管灵感来自于基督教，然而彩绘玻璃描绘的主题依旧是印度神话，令人有时空交错之感。

漫游 印度

加尔塔 (Galta)

- 位于斋浦尔以东 3 千米处
- 可搭乘电动车或人力车前往
- 沿途有许多猴子,勿喂食或与它们嬉戏,以免遭受攻击

位于斋浦尔市郊的加尔塔,没有著名的古迹,却以它绝佳的视野吸引外国游客前往。一条"之"字形缓坡沿着山丘爬升,除了羊群、猪和牛之外,这座山丘几乎全被猴子占据,它们或悠闲地晒太阳,或追逐嬉戏,一点都不怕人。沿着充满乡间风情的步道往上走,视野也越来越辽阔,密密麻麻的房舍堆砌出斋浦尔的城市雏形,远方逐渐传来修行者演奏的音乐。在这座山谷间坐落着多座历史悠久的寺庙,其中位于山顶上的太阳庙(Sun Temple)是献给太阳神苏利耶(Surya)的,这座庙由杰·辛格二世大君的使者兴建于莫卧儿帝国时期,其后方有一座露台,是俯瞰斋浦尔城市景观的最佳位置。

桑格内尔 (Sanganer)

- 位于斋浦尔以南 16 千米处
- 可以从风之宫附近的 Bari Chaupar 搭乘巴士前往，车程约 45 分钟，或搭乘电动车前往

在斋浦尔，除了可以买到色彩鲜艳的拉贾斯坦邦民俗工艺品外，眼尖的游客还会在市集上看到花样丰富的染布和蓝陶，而位于斋浦尔市区的桑格内尔，正是印度几个以印染和蓝陶闻名的小镇之一。

印度的手工印染早在 12 世纪时就已相当有名，以植物和矿物的颜色为染剂，一层层印在棉布上后，放入添加特殊染剂的热水中滚煮、晒干。这样的技术几乎是父传子、子传孙的家族事业。

而在桑格内尔，林立着一家家的印染工厂，居民不是在染布就是在晒布。如果有机会，不妨找一家工厂参观，亲眼观看老师傅以手工的方式，小心翼翼地将图案层层印染的过程。

蓝陶是桑格内尔的另一项特产，是莫卧儿帝国时自伊朗带入印度的手工技艺。顾名思义，蓝色是蓝陶的主要颜色，由于它上了釉且以高温烧制，因此蓝陶的硬度普遍比其他陶器高。在 1950 年，这项即将失传的技艺被艺术家克里帕尔·辛格（Kripal Singh）重新推广。

蓝陶基本上是由石英、玻璃、硼砂、胶和陶土混合而成的，其产品包括碗、餐盘、杯子、杯垫、花瓶、烟灰缸等，价格当然也不便宜。虽然蓝陶现在成为许多人的家传事业，并且到处都有蓝陶工艺中心的足迹，不过真正的秘方谁也不愿透露。

住在斋浦尔

伦巴宫殿酒店
Rambagh Palace
★★★★★

- Bhawani Singh Road
- 0141-2211919
- www.tajhotels.com

伦巴宫殿酒店的前身是座不折不扣的印度拉贾斯坦邦皇宫，1835年兴建时，原本是供王公贵族使用的乡间狩猎宅邸，1925年时被改建成斋浦尔王公的皇宫，并在1957年时整修成印度第一家皇宫旅馆，曾接待过英国王储查尔斯王子、著名演员奥玛·沙里夫（Omar Sharif）等名人。

该酒店混合了莫卧儿和拉吉普特民族的风格，客房面对着附设喷泉和花园的天井，超过100间的王室套房分成4种类型，其中史迹套房装饰着大理石地板、拉贾斯坦邦的传统工艺品和织布。餐厅也充满特色，Suvarna Mahal是家充满意大利文艺复兴色彩的印度餐厅，其中天花板上原始的佛罗伦萨式的壁画与镜子最引人注目。另外，由古老的传统蒸汽火车改装而成的火车餐厅也非常有趣，深受欢迎。

福朋酒店
Four Points
★★★★

- City Square, Tonk Road
- 0141-3004600
- www.starwoodhotels.com/fourpoints

福朋酒店坐落于斋浦尔新城，距离斋浦尔机场约5千米，这家造型简约的现代酒店，由喜来登酒店集团负责管理经营。

以风车为标志的福朋酒店，拥有115间客房与套房，房间内方整的空间处处充满巧思：液晶电视下方的长排矮柜架，方便旅客随手放置行李与衣物；玄关穿衣镜前的座位与收纳吹风机的柜子，让房客无须站在浴室中吹头发；小巧的透明淋浴间，可以一边洗澡一边看电视；此外还有Wi-Fi无线上网、大尺寸的舒适枕头，以及织针的床单等，处处展现贴心。

尽管饭店只有一间餐厅，却提供非常美味的各国料理，除印度料理外，这里还能吃得到印尼的鸡肉沙嗲、泰国的酸辣汤、英国的炸鱼薯条、维也纳炸肉排、意大利面等，无论是前菜还是主菜，都非常精致美味。位于餐厅旁的酒吧，是享用啤酒和点心的好地方。麻雀虽小五脏俱全，福朋酒店还有一座位于高楼平台的露天游泳池，既能欣赏城市风光，又能远离喧嚣。

希沃别墅度假村
Shiv Vilas
★★★★★

- Kukas, Jaipur
- 0141-2531100
- www.shiv-vilas.in

拉贾斯坦邦的皇宫酒店因为奢华和历史而迷人,然而这些宫殿通常也因为年代较为久远,使其维护状态和使用便利性上多少受到了考验。至于如何能两相得宜,希沃别墅度假村似乎给了游客另一个选择。

开业于2006年的希沃别墅度假村位于距离斋浦尔市中心15千米的近郊,坐落在德里通往斋浦尔的公路旁,这家复制了皇宫奢华的酒店,是花了5年的时间打造的,来自美国的设计师仅为研究拉贾斯坦邦的历史、宫殿与城堡建筑,就耗费了2年的时间。

占地0.21平方千米的希沃别墅度假村,其建筑灵感来自于印度三大古迹:仿效泰姬陵以大理石和红砂岩雕刻而成的喷泉水道,以斋浦尔的城市宫殿为蓝图用粉红砂岩雕刻而成的建筑立面,以及参考琥珀堡的室内装饰,从外到内,无一不见奢华气派。饭店挑高大厅的地面有硬石镶嵌的装饰,一尊尊大理石女乐师雕像栩栩如生,高挂着枝状吊灯的天花板彩绘着仿效欧洲的名画,风格融合东西。

客房同样金碧辉煌,搭配现代家具,洋溢着一种殖民时代风情。以镜厅(Sheesh Mahal)命名的印度餐厅,是希沃别墅度假村最美的餐厅,地面镶嵌的硬石和天花板的镜片相映成趣。此外,该酒店无论是地板上、绘画、墙壁上任何地方出现的金色彩绘,都是以黄金为颜料,如果注意看高挂墙上的画像、大君身上的装饰,同样都是货真价实的半宝石或宝石。

普什卡

普什卡又被译为布什格尔，其名称来自于莲花（Pushpa），据说创造神大梵天（Brahma）曾亲手将一朵莲花抛向陆地，纷纷落下的花瓣变成沙漠中的水源，形成了三处小湖泊，其中最大的湖泊就是今日的普什卡湖。普什卡湖因而成为印度教的圣湖，每年总有数以万计的信徒前来沐浴。然而这座小镇不同于瓦拉纳西，总是洋溢着安静、平和的气氛，也因此这里从20世纪60年代开始涌进大批背包客，至今仍是许多外国游客喜爱游玩的地方之一。事实上，早在莫卧儿帝国时期，这里就是皇帝与贵族最喜爱的度假地，17世纪初开始有英国人来到此地，到了1818年，普什卡更成为拉贾斯坦邦内少数几个直接接受英国人管辖的领地。

尽管气氛静谧，普什卡也有热闹的时候，每年10—11月举办的普什卡市集（Pushkar Fair），是拉贾斯坦邦最欢乐的活动之一，吸引了来自各地约20万人次的游客，特别是位于市郊的骆驼市集，规模庞大到令人惊讶。

普什卡交通

如何到达——巴士

普什卡本身没有火车站，因此无论从哪里前往，都必须搭乘巴士，几乎所有的长途巴士都会先经过阿杰梅尔，不过从德里、斋浦尔和焦特布尔等大城市也有直达巴士前往普什卡。这些大城市前来的巴士多半停靠在城市北边的马尔瓦尔（Marwar）车站，至于从阿杰梅尔发车的当地巴士，则停靠在普什卡的东边。请注意，普什卡没有三轮车或电动车，如果行李多则可租手推车搬运。

市区交通

普什卡是一个小镇，依山绕湖而建，只有一条主要的街道。镇内景点都可以以步行的方式前往，但若体力有限，则可以租自行车。

精华景点

普什卡湖与河坛
(Pushkar Lake & Ghats)

- 位于市中心
- 湖畔和河坛边经常有所谓的修行者，会在游客手腕上系绳子或要求你买花撒向湖水祈福，如果没有需要，请委婉但口气坚决地拒绝，遇到难缠的人或是觉得想入境随俗体验一下，就付给对方50卢比。有些人会说服你替你的家人同时祈福，每多替一个人祈福就可能会被要求多付一笔费用，所以不要被这样的举动影响而付更多的钱，仅付当初谈好的价钱即可

因神话而诞生，普什卡这座城市围绕着普什卡湖而发展，在它的四周有多达上百间的寺庙，每当天气晴朗之时，蓝色的天空和湖水，映衬着白色的建筑和倒影，形成联屏画般的美丽效果。

话说千百年前大梵天抛下了一朵莲花，其花瓣坠落于此产生了湖泊，使得普什卡湖因而成为印度教徒眼中最神圣的地点之一，数以万计的信徒不远千里到此朝圣，他们相信神圣的湖水能够洗涤身上的罪恶并脱离生死轮回，在此沐浴一次，足以抵得上千百次的祝福仪式，特别是在印度历八月（Kartika月，通常是公历10—11月间）

的月圆当天效果更加显著，信徒通常会先在此洗净身体，再前往位于湖畔西侧的梵天庙祈祷、祭拜。

除了寺庙之外，普什卡湖畔还林立着多达52座的河坛。在这些河坛中比较著名的有称为主河坛的高河坛（Gau Ghat），印度国父甘地、首任总理尼赫鲁等名人的骨灰都曾撒在这里；至于位于沙达市集（Sadar Bazaar）广场出口的瓦拉哈河坛（Varaha Ghat），可以看见毗湿奴以及他化身为公猪的装饰。

除此之外，在湖的南面还有一座圣桥，行走于上方的人必须脱鞋（建议将鞋子拿在手中），桥的两端各有一棵大树，树下供奉着多座印度神像与画像，展现了当地居民虔诚的信仰。

梵天庙
(Brahman Temple)

- 位于普什卡湖以西约 200 米处
- 从普什卡湖西侧河坛步行前往约 5 分钟
- 日出到日落
- 参观梵天庙必须脱鞋，里面不可拍照

在印度神话中，由于大梵天在创造世界后就回到天上，因此在印度境内几乎难以看见大梵天的神像，更遑论其寺庙了。不过因为普什卡由大梵天手中的莲花变化而来，因此在这里有全印度唯一的一座梵天庙。

梵天庙兴建于 14 世纪，白色的大理石寺庙坐落于一座高台上，一道笔直的阶梯通往其中。一只雕刻瑰丽的银龟面对神龛蹲坐在地上，它四周的大理石地板上装饰着成百上千个银币，上面刻着捐献者的姓名。

梵天庙外的道路两旁林立着摊贩与商店，这条路沿着湖畔延伸，和市中心的沙达市集连接在一起，无论是镶绣着镜片的拉贾斯坦邦传统服饰或包包、可爱的人偶，还是金光闪闪的首饰、色彩缤纷的挂饰等，都能在此找到。此外，这里也是旅馆和餐厅聚集的区域，因此成为游客终日流连的去处。

阿杰梅尔

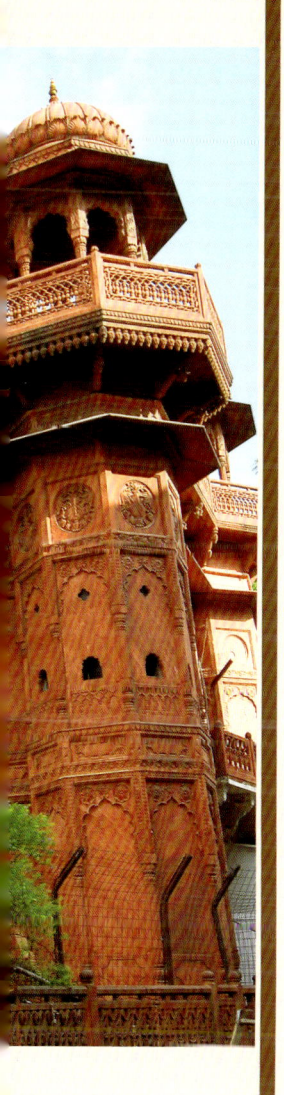

位于斋浦尔西南方的阿杰梅尔，昔日是拉吉普特族的主要根据地之一，却在12世纪遭苏丹政权统治，成为印度的伊斯兰教中心。此外，创立苏非契斯提教团（Chishtiya Order）的伟大圣人赫瓦贾·穆因—乌德—丁·契斯提（Khwaja Muin-ud-din Chishti）在此定居，这使得阿杰梅尔成为印度的伊斯兰教圣城，也因此成为以印度教为主要宗教信仰的拉贾斯坦邦中的异教。

每年的伊斯兰新年和圣人的朝圣会（Urs Mela）期间，这座小镇就会被四处涌来的信徒挤得水泄不通，原本蜿蜒狭窄的街道更加寸步难行。朝圣会时，人们会在契斯提陵墓旁以大盆烹煮食物并分送游客，入夜后会举行宗教聚会。至于不是伊斯兰信徒且非节庆时节前往阿杰梅尔的人，他们对它嘈杂纷乱的情景留下了深刻印象，迷宫般的巷弄保留了些许中世纪的气氛，特别是契斯提陵墓前方漫长延伸的市集，售卖着祈祷用的地席、念珠、花环和镶着金边的贡品等，热闹犹如嘉年华会。除此之外，这里还有一座值得一看的纳西亚耆那教寺庙，寺庙内的黄金大厅里，展示着令人惊艳的黄金模型。

阿杰梅尔交通

如何到达——火车

阿杰梅尔枢纽火车站（Ajmer Junction Railway Station）位于市中心，是阿杰梅尔主要的火车站。从德里和斋浦尔都可搭乘火车前往阿杰梅尔，各约需7小时和2小时30分钟。

印度铁路公司
www.indianrail.gov.in

如何到达——巴士

在德里、斋浦尔、阿格拉等大城市，都有巴士前往阿杰梅尔，从德里出发车程约需9小时，从斋浦尔前往阿杰梅尔车程约需3小时。拉贾斯坦邦长途巴士站位于市中心西北方2千米处的斋浦尔路上（Jaipur Road），从这里搭乘电动车前往市中心约需40卢比。

市区交通

阿杰梅尔市中心的道路非常狭窄，仅能以步行或搭乘三轮车和电动车的方式前往。主要景点都位于火车站附近，可以以步行的方式前往，但如果怕迷路，不妨雇辆电动车。

精华景点

契斯提陵墓
(Dargah Khwaja Muin-ud-din Chishti)

- Dargah
- 从市中心搭乘电动车前往往返约100卢比
- 5:00-21:00，陵墓周五至下周三每天15:00-16:00，周四14:30-15:30关闭
- www.dargahajmer.com
- 参观陵墓必须穿着长袖长裤，女士需戴头巾或以大手帕盖头，陵墓不可拍照

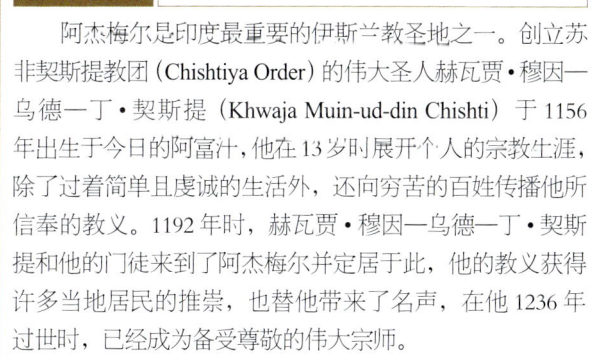

阿杰梅尔是印度最重要的伊斯兰教圣地之一。创立苏非契斯提教团（Chishtiya Order）的伟大圣人赫瓦贾·穆因—乌德—丁·契斯提（Khwaja Muin-ud-din Chishti）于1156年出生于今日的阿富汗，他在13岁时展开个人的宗教生涯，除了过着简单且虔诚的生活外，还向穷苦的百姓传播他所信奉的教义。1192年时，赫瓦贾·穆因—乌德—丁·契斯提和他的门徒来到了阿杰梅尔并定居于此，他的教义获得许多当地居民的推崇，也替他带来了名声，在他1236年过世时，已经成为备受尊敬的伟大宗师。

由于他深受景仰，昔日原本简单的小砖墓，如今已演变成一座大型的建筑群，特别是在莫卧儿阿克巴、贾汗季和沙贾汗三位皇帝的庇护下，许多建筑纷纷进行了改造。如今进入陵墓前，必须先经过三道大门，首先是兴建于1911年的尼扎姆门（Nizam Gate），脱鞋入内后可以看见位于右手边目前当作神学院使用的阿克巴清真寺（Akbar Masjid）。第二道门（Shajahani Gate）和一旁的大理石清真寺，都是由沙贾汗皇帝下令兴建的，最后一到蓝绿色的布兰德门（Buland Darwaza），在举办圣人朝圣会前，这道大门顶会升上一面旗子，入门后位于中庭中央的，就是契斯提的陵墓，被覆盖在一座大理石建筑的圆顶下方，不过在此之前会先经过位于两侧的大锅子，信徒会将钱丢在锅里与其他穷人分享。

漫游 印度

两天半清真寺
(Adhai-din-ka-Jhonpra)

- 位于契斯提陵墓以西 400 米处
- 从契斯提陵墓步行前往约 8 分钟
- 日出到日落

沿着契斯提陵墓的尼扎姆门外的左边小巷前进，经过热闹的市集，就能抵达两天半清真寺。这座清真寺造型独特，看不见经常被用来装饰主建筑的马蹄形拱门，四周也没有耸立着唤拜塔。走近看，一根根撑起屋顶的立柱，除雕刻着伊斯兰经文和花草图案外，还有莲花、宝瓶与神祇等图案，令人联想起德里顾特卜塔建筑群中全印度最古老的清真寺——奎瓦吐勒清真寺。

这两座清真寺确实建于同一时期，也因此两天半清真寺是阿杰梅尔当地保存下来最古老的遗迹，它在公元660年兴建时，原是一座耆那教寺庙，后来在12世纪中叶被改建为印度教学校。40年后，阿富汗族长穆罕默德·古尔（Muhammad of Ghor）入侵阿杰梅尔，不但破坏了这座寺庙，而且将它改建为今日的清真寺，由于取材自昔日的建筑，因此可以看见墙壁或立柱上洋溢着印度教和耆那教风情的装饰。

有人说两天半清真寺的名称来自于它建造的时间，这座清真寺其实是花了15年的时间才完成的，至于比较可信的说法，应该是和18世纪时经常在此举行的苦行者节庆有关。

纳西亚耆那教寺庙
(Nasiyan Jain Temple)

- Prithviraj Marg
- 从市中心搭乘电动车前往往返约 50 卢比
- 8:30-17:00
- 15 卢比
- 参观耆那庙必须脱鞋

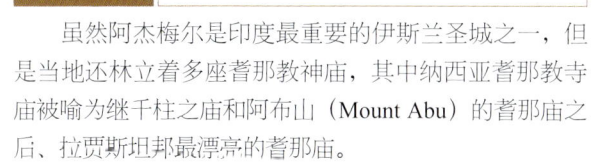

虽然阿杰梅尔是印度最重要的伊斯兰圣城之一，但是当地还林立着多座耆那教神庙，其中纳西亚耆那教寺庙被喻为继千柱之庙和阿布山（Mount Abu）的耆那庙之后、拉贾斯坦邦最漂亮的耆那庙。

被称为"红庙"（Lal Mandir）的纳西亚耆那教寺庙兴建于 1865 年，高达两层的建筑细分为两个部分，一部分为耆那教第一代祖师阿迪那斯（Adinath）尊者的礼拜堂，另一部分为博物馆。游客前往该耆那庙，大多是为了一座被称为"黄金大厅"的博物馆，馆内金光闪闪，由黄金打造的模型描述了尊者生平的五个阶段，炫丽精致的程度令人大开眼界，无论是体积庞大的黄金寺庙，还是小巧的飞船，都值得细细欣赏。此外，四周的墙壁上装饰着取自矿石颜料的彩绘，以及比利时进口的彩绘玻璃，让整个空间几乎没有一处不金碧辉煌。

焦特布尔

素有"蓝色城市"之称的焦特布尔，因其蓝色屋舍而闻名，它同时也是仅次于斋浦尔的拉贾斯坦邦第二大城市，不同于耸立在高山上的梅兰加尔堡（Meherangarh Fort），焦特布尔的旧城看来就像拉贾斯坦邦沙漠旁拍击巨大碉堡的海洋。

焦特布尔被全长10千米的城墙围绕，主要是为了防止沙暴。这座沙漠城市曾作为拉贾斯坦邦最大的公国——马瓦尔王朝（Marwar）的首都，长达5个世纪之久。素有"死亡之地"之称的它，直到1459年时，才被拉索王朝（Rathore）的拉·久德哈（Rao Jodha）大君命名为焦特布尔，其中身为印度著名碉堡之一的梅兰加尔堡，也是由此时开始兴建的，而位于碉堡下方的旧城区，原本是最高种姓阶级——婆罗门的住所，他们将房舍外观漆上靛蓝涂料，一方面可以维持室内清凉，另一方面也可以驱赶蚊虫，这项传统保存至今。

许多游客将焦特布尔当成斋浦尔和杰伊瑟尔梅尔间的短暂停留点，事实上这个城市适合慢慢欣赏，除了梅兰加尔堡、皇宫、花园之外，这里还有大大小小的集市值得一探，特别是在旧城中，除了沙达集市外，还有一个非常有趣的香料集市，出售着许多地方罕见的奇特香料。

焦特布尔交通

如何到达——机场至市区交通

焦特布尔机场位于市区以南约5千米处,从德里和孟买都有航班往来,各约需1小时和2小时30分钟,捷特航空与印度航空都有航班。从机场到市区搭车前往需20～25分钟,出租车费约250卢比,电动车约需90卢比。

捷特航空
www.jetairways.com

如何到达——火车

焦特布尔有2个火车站,主要火车站焦特布尔火车站(Jodhpur Railway Station)就位于旧市区以南的火车站路(Railway Station Road)上;另一个火车站莱卡·巴格火车站(Raika Bagh Railway Station)位于市区东边,多数火车停靠于后者。两者都位于市区,游客可以乘坐人力车或电动车前往旅馆。

印度铁路公司
www.indianrail.gov.in

如何到达——巴士

往来于拉贾斯坦邦的巴士停靠在旧城东面的邦际巴士站,从斋浦尔搭乘巴士至此需7～8小时,乌代布尔至此需8～9小时。其他私人经营的长途巴士大多停靠在卡帕塔茹影院(Kalpataru Cinema)附近,或是距离焦特布尔西南方约4千米处的萨尔达尔普拉(Sardarpura)西面的孟买汽车圈(Bombay Motors Circle),由此搭电动车前往市中心需60～70卢比。

市区交通

人力车或电动车是市区主要的交通工具,若是要到比较远的地方可选择出租车,在旅客服务中心有出租车停靠。

旅游咨询

拉贾斯坦邦观光开发公团
- Hotel Ghoomar
- 0291-2545083
- 周一至周六 8:00-20:00

精华景点

梅兰加尔堡 (Meherangarh Fort)

- 从旧市区步行前往约 30 分钟，不过多为上坡陡峭路面，因此建议搭乘电动车前往
- 9:00-17:30
- 300 卢比（包含中文语音导览）
- www.mehrangarh.org
- 语音导览需押附照片的英文证件，或 2 000 卢比的押金

矗立在 125 米高的巨崖上，梅兰加尔堡是拉贾斯坦邦最壮观且保存最完善的城堡，蜿蜒的山路自山底一路延伸，行走 5 千米才能抵达第一座大门，再加上环绕的护城墙，让梅兰加尔堡更显雄伟。

城堡最初由焦特布尔大君哈拉·久德哈兴建于 1459 年，之后的皇室继任者也陆续加以增建，从它由不同大君建造、分属不同时期的 7 道城门便可得知。例如，1806 年曼·辛格大君在斋浦尔和碧卡内（Bikaner）两地战争中赢得胜利后，便下令兴建主要大门（Jaypol），至于胜利之门（Fatehpol），则是阿吉特·辛格大君（Ajit Singh）为了纪念他打败莫卧儿帝国的军队而建的。

穿过一道道城门后，一座座宫殿环绕着中庭，它们紧密相通且彼此串联，因此有人说梅兰加尔堡不像一座城堡，反而像由无数中庭组成的聚落，这些宫殿同样建造于不同时期，且各具装饰特色，其中部分改建成博物馆。除了欣赏建筑之美外，穿梭于皇宫阳台时别忘了眺望焦特布尔旧城，一片蓝色的景观非常壮观。

漫游 印度

贾斯旺·萨达陵墓
(Jaswant Thada)

- 位于梅兰加尔堡东北方约 1 千米处
- 从旧城或梅兰加尔堡步行前往均约 20 分钟，也可搭乘电动车前往
- 9:00-17:30
- 50 卢比
- 登上陵墓主要建筑前必须脱鞋

位于梅兰加尔堡东北方，与其遥遥相望的白色大理石建筑，是 1899 年时由沙达·辛格（Sadar Singh）下令兴建的陵墓，用来纪念他的父亲，同时也是焦特布尔的第 33 位大君——贾斯旺·辛格大君（Jaswant Singh）。贾斯旺·萨达陵墓是印度建筑中的代表，以错综复杂的大理石格子窗著称。格子窗雕刻精细，充分展现了雕刻家精湛的技艺，其石材抛光完美且极其细薄，每当有阳光照射时，总能散发出温暖的光芒。

陵墓群中除了贾斯旺的主陵墓之外，旁边还有 4 座小纪念碑，为贾斯旺·辛格之后的历代大君，至于在他之前的大君则下葬于曼朵花园（Mandore Gardens），因此这里可以说是皇家陵墓的所在地。

从主陵墓的平台上，可以俯瞰四周景致和不远处的梅兰加尔堡。主陵墓内陈列着历任焦特布尔大君和统治者的画像，至于贾斯旺大君的纪念陵寝，则犹如一座迷你的庙宇，整座陵墓都弥漫着一抹神秘的气氛。

乌麦巴旺皇宫
(Umaid Bhawan Palace)

- Umaid Bhawan Palace
- 位于旧市区东南方约 4 千米处,可搭乘电动车前往
- 0291-2510101
- 博物馆 9:30-17:00
- 博物馆 50 卢比
- www.tajhotels.com

乌麦巴旺皇宫矗立在焦特布尔市区东边的山丘上,是印度皇室后期兴建的最重要的皇宫,同时也是世界上最大的私人住宅之一,坐落于花草茂盛的花园之中。外观雄壮的乌麦巴旺皇宫,是焦特布尔王室家庭的主要住宅,得名于焦特布尔大君乌麦·辛格(Maharaja Umaid Singh),也就是现任大君的祖父。这座以黄砂岩建造的皇宫由英籍建筑师亨利·兰彻斯特(Henry Lanchester)所设计,历经 16 年,动用 3000 名劳工,斥资 950 万卢比,于 1944 年完成,采用了当时最流行的以几何形及流线形为特色的艺术装饰风格。

这座拥有 347 间房间、1 座室内游泳池和 1 座电影院的皇宫,混合了东、西方的建筑风格;30 多米高的圆形屋顶,深受文艺复兴时期风格的影响;皇宫高塔的灵感,则来自于拉吉普特民族(Rajput)的建筑;至于皇宫内部华丽的镶金家具和优雅的设计,走的是装饰艺术风格路线。与其他皇宫相异的是,乌麦巴旺皇宫挑高雄伟的室内设计,给人一种高贵却又霸气的感觉。

乌麦巴旺皇宫于 1997 年改成文化遗产观光酒店,目前的大君只使用三分之一的建筑,其他部分则开放为皇宫酒店和博物馆。博物馆内设置了几座展览厅,分别展出皇宫建筑模型与建造历史、陶器和玻璃艺品、造型独特的时钟和晴雨计等。皇宫酒店部分目前有 30 间豪华房间和 15 间套房供游客使用,每个房间都保留了过去辉煌的遗迹。

曼朵花园 (Mandore Gardens)

- 距焦特布尔市区 9 千米
- 从沙达市集搭乘电动车前往约 50 卢比
- 7:00–22:00

星级推荐

在 15 世纪迁都焦特布尔以前，曼朵都是马瓦尔王朝（Marwar）的首都，今日则成为当地人喜爱的休闲去处。

曼朵花园里深红色的尖塔寺庙群其实是焦特布尔历代大君的陵墓群，虽然建筑本身洋溢着印度风情，装饰细节上却展现出伊斯兰风格，不过由于公园免费对外开放，因此陵墓群的维护状况并不佳。除此之外，公园内还有一座嵌在山壁中的英雄厅（Hall of Heroes），里面陈列着 15 位印度和当地的神明雕像，不远处还有一座博物馆，不过可看性并不高。

阿吉特巴哈旺酒店 (Ajit Bhawan Hotel)

- Opp. Circuit House, Airport Road
- 邻近乌麦巴旺皇宫，距离机场和火车站各约 3 千米，可搭乘出租车或电动车前往
- 0291-2513333
- www.ajitbhawan.com

阿吉特巴哈旺酒店坐落于宽敞笔直的大道旁，可以看到前方山丘上乌麦巴旺皇宫的风景，这座位于拉贾斯坦邦的酒店，犹如一座洋溢着拉吉普特风情的沙漠绿洲。

昔日的皇室狩猎行宫，现已成为印度第一家文化旅游遗产酒店，它是焦特布尔前任大君乌麦·辛格的弟弟（Sir Ajit Singhji）的皇宫，落成于 1927 年，曾经吸引过无数其他大君、政治家、艺术家甚至猎人等前来探访。

经过了几十年的时光，乌麦·辛格弟弟的儿子（Maharaj Swaroop Singh）和他的妻子（Rani Usha）接手管理这座皇宫，并对它赋予了文化旅游遗产酒店的创新观念，对前来焦特布尔的游客开放，让普通人也能感受皇室的奢华品位，一探皇室神秘的面貌，同时感受到拉吉普特人的热忱。

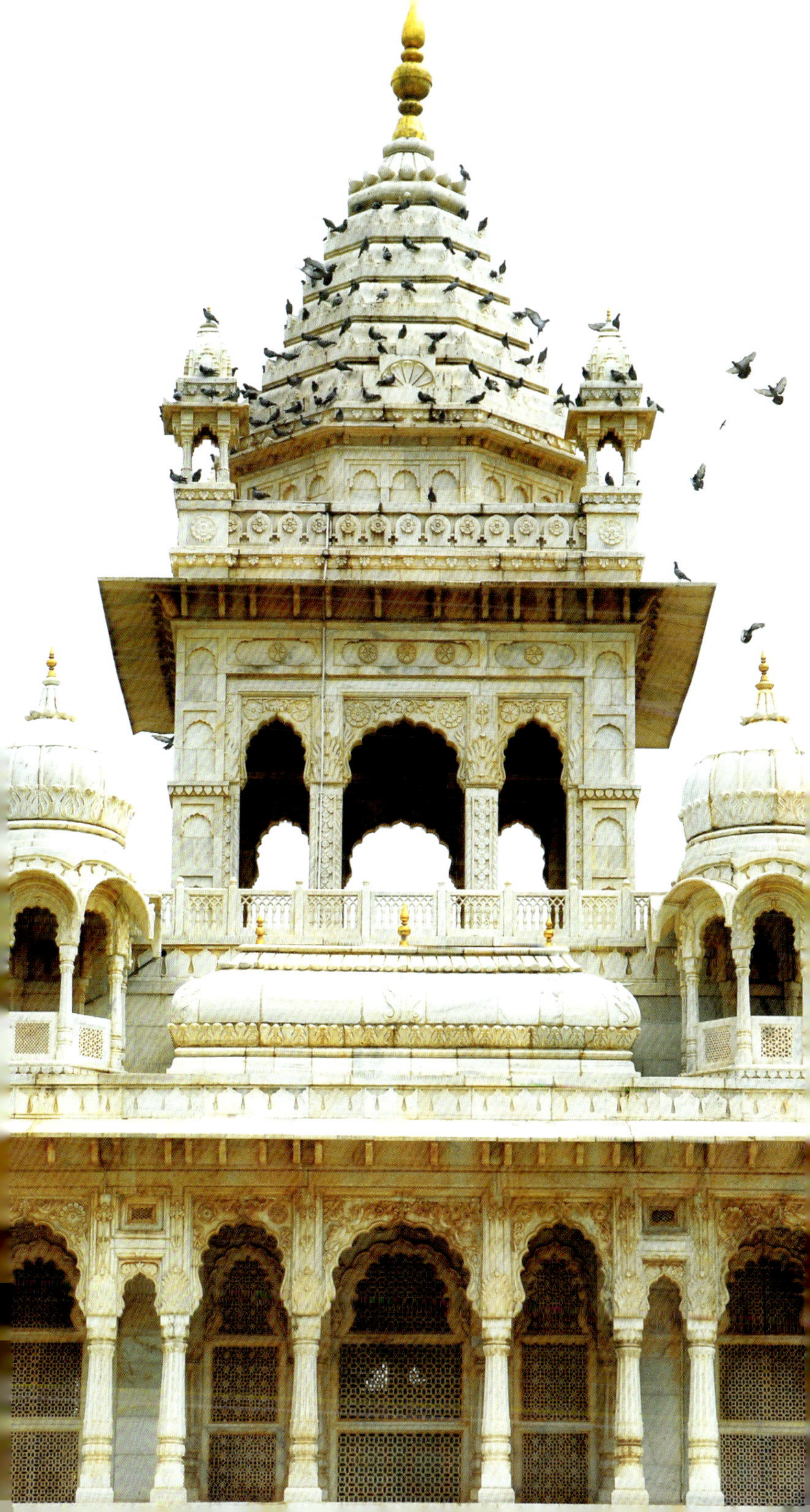

杰伊瑟尔梅尔

杰伊瑟尔梅尔又被译为斋沙默尔，这个美丽的城市可以说是拉贾斯坦邦中最令人向往的地方。或许是因为它四周环绕着金黄色的沙漠，或许是它的旧城古堡仍旧上演着日常生活的情景，总之，千里迢迢来到这里的游客，没有一个会对它失望。

有"黄金城市"之称的杰伊瑟尔梅尔，因建筑全采用产自本地的特殊金黄色砂岩，所以每当黄昏时刻，在夕阳余晖的照映之下，每栋房宅都散发出耀眼的光芒。又因为它距离巴基斯坦边界只有100千米，所以杰伊瑟尔梅尔也是印度的军事重镇。

尽管周围景色荒凉、布满沙砾，远远看去仿佛废墟一般，然而走进杰伊瑟尔梅尔城内，却可惊见里面屹立着许多美丽的建筑，包括印度教寺庙、耆那教寺庙以及大大小小的民房。尤其这里以拥有精致的哈瓦利宅邸（Havelis）建筑而著称，许多旅馆也多承袭此种风格，让游客得以体验拉贾斯坦邦皇宫贵族般的生活。

此外，来到杰伊瑟尔梅尔一定要展开一次沙漠探险。骑骆驼游沙漠是重头戏，游程从单日到1周不等，除了可以欣赏沙漠的日落美景外，还可以睡在沙漠中，近距离体验沙漠文化。

杰伊瑟尔梅尔交通

如何到达——火车

杰伊瑟尔梅尔的火车站位于城市以东 2 千米处，从德里和焦特布尔每天都有固定班次前往。搭乘电动车由此前往市区约需 30 卢比。

印度铁路公司

www.indianrail.gov.in

如何到达——巴士

搭乘巴士从焦特布尔前往杰伊瑟尔梅尔需 5～6 小时。政府和私人经营的巴士分别停靠城堡西南方和南方的巴士站，城堡位于市中心。

市区交通

市区面积不大，所有景点都可以步行的方式抵达。

旅游咨询

拉贾斯坦邦旅游办公室
- 位于 Gadi Sagar Pol 城门附近的 Gandi Sagar Road 上
- 0299-2252406
- 周一至周六 10:00-17:00

精华景点

杰伊瑟尔梅尔城堡 (Jaisalmer Fort)

- Jaisalmer Fort
- 位于旧市区，步行前往即可抵达
- 全天
- 免费

这座矗立在杰伊瑟尔梅尔市区的中古世纪城堡，无论是城墙还是内部的宫殿、寺庙与民宅，全部以金黄色砂岩打造而成。不同于拉贾斯坦邦其他纯粹以古迹之姿对外开放的城堡，杰伊瑟尔梅尔城堡至今仍有约2000人生活在其中，犹如一座活生生的露天博物馆。堡内宛如迷宫般的小巷弄和一户户紧邻的房舍，呈现出一种独特的沙漠氛围，其中大部分居民是拉吉普特族后裔。

盘踞在76米高的山丘城堡，被10米高的城墙团团围住，城墙四周还捍卫着99座碉堡，部分碉堡至今依旧保留着大炮，它们全是由拉吉普特族的巴提王朝统治者嘉莎尔（Jasal）于1156年下令兴建的，可说是全拉贾斯坦邦中第二古老的城堡。

漫游 印度

　　城堡一共有4道大门,还有一条通往主要广场的通道。通道两旁的高处堆着巨大圆石,以备敌人入侵时推落,起到防御的作用。太阳门(Suraj Pol)是主要的城门,游客在通过一道道的城门后,便会抵达城堡的主要广场。14—15世纪时,在这座主要广场上曾经举办过三次壮烈的陪葬仪式,对于当时的皇室妇女来说,如果她们的丈夫战死沙场,她们为了荣耀必须从城墙上跳入中庭燃烧的巨大火堆中,而非苟活。

　　堡内有如今开放为皇宫博物馆(Palace Museum)的旧皇宫、印度庙、耆那教庙和典雅的哈瓦利宅邸建筑等,此外还有许多商家与摊贩,售卖地毯、细密画等当地手工艺品。

耆那教寺庙
(Jain Temple)

- 位于城堡内
- 从皇宫博物馆步行前往约5分钟
- 8:00-12:00
- 30卢比
- 女性生理期期间禁止入内，不可携带皮制品，入内参观须脱鞋

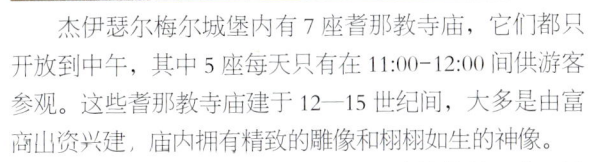

杰伊瑟尔梅尔城堡内有7座耆那教寺庙，它们都只开放到中午，其中5座每天只在11:00-12:00间供游客参观。这些耆那教寺庙建于12—15世纪间，大多是由富商出资兴建，庙内拥有精致的雕像和栩栩如生的神像。

最有名且规模较大的寺庙位于皇宫博物馆以南，沿途有指示标识，也可询问两旁的商家。该寺庙以黄色和白色大理石兴建而成，外观犹如无数小型尖塔组合而成，内部无论是墙壁、天花板还是立柱上，均装饰着花草、神祇和动物等繁复的雕刻，相当美轮美奂。

漫游
印度

杰伊瑟尔梅尔皇宫博物馆 (Jaisalmer Palace Museum)

- Palace of the Maharawal
- 位于杰伊瑟尔梅尔城堡内的主要广场上
- 夏季 8:00-18:00，冬季 9:00-18:00
- 门票 250 卢比（含语音导览），携带录像机 150 卢比
- 语音导览需押附照片的英文证件，或 2000 卢比的押金

星级推荐

　　杰伊瑟尔梅尔城堡的主要广场上，有一栋高达 5 层的华美建筑，外观装饰着一座座精雕细琢的楼台。它是昔日的皇宫，也是今日杰伊瑟尔梅尔皇宫博物馆的所在地，一扇两旁有着红色手印的大门是它的主要入口，这些手印记载着昔日皇室妇女必须随夫陪葬的传统。

　　这座包含 5 座小皇宫的建筑，由历任杰伊瑟尔梅尔统治者兴建，整体以当地特有的金黄砂岩为建材，采用典型的蜂窝状帘幕设计，内部嵌有多彩的玻璃和瓷砖，是当地石造技术的杰出代表。杰伊瑟尔梅尔的统治者称为马哈拉瓦尔（Maharawal），在皇宫的左侧可以看见一座用大理石打造的宝座，是昔日统治者发号施令的地方。

如今皇宫已改成博物馆对外开放，展示着马哈拉瓦尔使用过的武器、宫廷用品和一般生活物品，其中包括一个纯银打造的宝座，上方装饰着象征皇室永恒尊贵的孔雀和无上权势的狮子；贴满蓝底白花瓷砖的19世纪统治者卧室中，可以一窥昔日的皇室生活；票券展览室中陈列着昔日的杰伊瑟尔梅尔钞票与邮票，美丽的拓印犹如艺术品；至于雕像展览室中则有一尊罕见的留胡子的罗摩像。

除了建筑本身装饰华丽之外，杰伊瑟尔梅尔皇宫博物馆另一精彩之处就是它的地理位置。由此远眺，杰伊瑟尔梅尔城堡连绵不绝的碉堡与此起彼落的民宅、寺庙，甚至四周一望无际的沙漠都尽收眼底，充分展现了此沙漠邦国迷人的风情。

巴特旺哈瓦利宅邸
(Patwa-Ki-Haveli)

- 位于杰伊瑟尔梅尔城堡东北方约 500 米处
- 从杰伊瑟尔梅尔城堡步行前往约 10 分钟
- 10:00–17:00
- 50 卢比
- 宅邸内气味不佳,建议携带口罩入内参观

　　巴特旺家族的哈瓦利宅邸位于杰伊瑟尔梅尔市区中心,由 5 间宅邸组成,兴建于 1805 年,有人说它是富豪巴特旺(Guman Chand Patwa)替 5 个儿子所盖的豪宅,也有人说它是这五兄弟分别兴建的结果,无论如何,该家族因从事锦缎和鸦片贸易以及银行业务而致富是不争的事实,也因此才能有足够的财力落成这座杰伊瑟尔梅尔最华美的哈瓦利宅邸。

　　巴特旺哈瓦利宅邸为 5 层式建筑,采用本地特有的硬质砂岩兴建,样式融合传统拉吉普特式和莫卧儿式风格。这座宅邸的正面设计了多达 60 处格状楼台,全部雕刻着精致的图案,由于窗棂和楼台的浮雕过于细腻,因此经常被误认为是以白檀木雕刻而成。

　　现在这 5 间宅邸都对外开放,其中一间还改成了博物馆,展示简单的家族用品。从宅邸内部分残存的壁画中,依稀可以追忆昔日巴特旺家族盛极一时的模样,不过因为内部维护状况并不佳,许多蝙蝠和鸽子寄居于此,因此经常散发出难闻的气味,对于想要细细欣赏美丽雕刻的游客来说,确实是一大挑战。

沙林辛格哈瓦利宅邸
(Salim-Singh-ki-Haveli)

- 位于杰伊瑟尔梅尔城堡以东约 150 米处
- 从杰伊瑟尔梅尔城堡步行前往约 3 分钟
- 8:00-19:00
- 20 卢比

沙林辛格家族的哈瓦利宅邸兴建于 1815 年，由 18—19 世纪杰伊瑟尔梅尔首相沙林辛格下令建造。据说当时沙林辛格想替自己的宅邸再增建两层楼，不过如此一来，就会比杰伊瑟尔梅尔统治者的皇宫更高。当马哈拉瓦尔知道后，一气之下便下令拆除这里，同时暗杀了沙林辛格所聘请的建筑师。

该哈瓦利宅邸外观雕饰着孔雀，顶楼的莫蒂马哈（Moti Mahal）是美丽的宴会厅，并设计有拱形楼台，犹如一座观景台，可以眺望全城风光。

纳特玛哈瓦利宅邸
(Nathmal-Ki-Haveli)

- 位于杰伊瑟尔梅尔城堡以北约 300 米处
- 从杰伊瑟尔梅尔城堡步行前往约 7 分钟
- 该建筑目前仍有当地居民居住于此，因此内部不对外开放，不过游客可以自由进入中庭参观

纳特玛家族的哈瓦利宅邸兴建于 1885 年，是 19 世纪下半叶杰伊瑟尔梅尔首相纳特玛任命两位兄弟建造而成的。纳特玛哈瓦利宅邸采用金黄色的砂岩结构，1 楼和 2 楼外观装饰着花卉植物等浮雕，由于这两位兄弟在设计上相互竞争，因此即便建筑风格相同，在细节上也有着明显的差异，例如，门口两只守护大象和窗户的样式就不同，尽管宅邸门面左右部分的建筑素材与花样不一，但无损细致雕工之美，令人赞叹不已。目前宅邸 1 楼已改成售卖纪念品的商店，游客可随意进入中庭参观，不过活动范围仅限于此，以免打扰当地居民生活。

嘉希莎水库
(Garsisar Tank)

- 距离 Gadi Sagar Pol 城门约 300 米
- 从 Gadi Sagar Pol 城门步行前往约 5 分钟，从杰伊瑟尔梅尔城堡可搭乘电动车前往
- 每天 8:00-21:00 提供小艇游湖服务，游客可依人数租借不同的脚踏船或划船

　　嘉希莎水库位于杰伊瑟尔梅尔市区的南方，由当地统治者斋莎尔（Jaisal）于1156年时下令建造，主要用来供应杰伊瑟尔梅尔地区的水源；后来在1367年时，嘉希·辛格（Garsi Singh）也曾加以修建。

　　1965年之后，因炙热的沙漠气候导致水源枯竭，所以该地又从郊区15千米外的小村庄引进地下水，之后又在40千米外的村庄兴建小运河与水库相连，从此嘉希莎水库就成为供当地人休憩的人工湖泊。

　　值得一提的是，进入嘉希莎水库前会经过一道拱门，此门由一位虔诚的印度教妓女出资兴建，没料到此举冒犯到当地的统治者，于是这位妓女听从祭司的建议，在拱门上兴建了一座印度庙，让王公无法下令拆除这座拱门。此后，杰伊瑟尔梅尔的统治者拒绝行经这座拱门，每每前来嘉希莎水库都得绕道而行。

　　水库旁有间小型的杰伊瑟尔梅尔民俗博物馆，由一位退休老师经营，博物馆内展示了杰伊瑟尔梅尔的历史、艺术、传统文化、乐器、钱币和画作等，相当有趣。

杰伊瑟尔梅尔拉雅达堡酒店
(Fort Rajwada Jaisalmer)

- 1,Hotel Complex, Jodhpur-Barmer Link Road
- 距离嘉希莎水库约2千米，可搭乘电动车往来杰伊瑟尔梅尔城堡和市区
- 0299-2253233
- www.fortrajwada.com

可以远眺杰伊瑟尔梅尔城堡的拉雅达堡酒店，可以说是杰伊瑟尔梅尔顶级的酒店。金色砂岩的皇宫建筑，占地2万多平方米，落成于2000年，仿照17世纪皇宫的设计，为来到杰伊瑟尔梅尔的旅人提供了不同的体验。

拉雅达堡酒店最令人称道的是大厅里那座雕刻极为精致的窗台，该窗台不但具有450年的历史，还产自拉贾斯坦邦，足以代表当地的文化艺术。此外，客房的走廊也展示着拉贾斯坦邦的艺术创作，墙壁上挂满王公贵族的肖像、当地的艺术品、武器等。

该饭店一共有87间普通客房、4间皇家套房，每个房间都具有拉贾斯坦邦典型的沙漠文化艺术风格，其中，马瓦尔王朝的传统石雕艺术，以及特殊的窗户，都让住客有下榻皇宫的感受，特别是以小镜片为装饰的镜宫套房（Sheesh-Mahal Suite），让人感觉顿时化身为拉贾斯坦邦的王公贵族。

饭店内的3间餐厅提供各色料理，而拥有16世纪氛围的Paatu酒吧更是品尝鸡尾酒的好地方。此外，拉雅达堡酒店还提供包括骑骆驼游沙漠等多项有趣的户外活动。

145

克胡利
(Khuri)

- 位于杰伊瑟尔梅尔以南50千米处
- 可从杰伊瑟尔梅尔搭乘巴士前往，车程约1小时30分钟，巴士每天约4班。最方便的方式是搭乘吉普车前往，可请杰伊瑟尔梅尔当地饭店或旅行社安排包车事宜

星级推荐

　　克胡利是典型的沙漠居民聚落，这座村庄虽然不大，但是有民宿和旅馆可供自助旅行者落脚。大多数来到这里的游客都是要到附近的沙丘体验骑骆驼的乐趣，而克胡利当地的旅馆大都提供半天到两天不等的沙漠旅行。

　　克胡利村庄的居民十分友善，游客走在路上，后方总是尾随着一大群小孩子。村庄妇女经常头顶水壶、手牵幼儿，步行到很远的地方取水，给人一种相当悠闲的感觉。如果有机会拜访当地人家，你会发现克胡利村庄内部分住家的客厅装嵌一座多格式壁橱，周围雕刻细致的花纹，每个格子里面都放置不同的物品，例如神像、锅、碗、壶、盘等。从克胡利村庄继续往西行走55千米，就会抵达印度与巴基斯坦的边界。

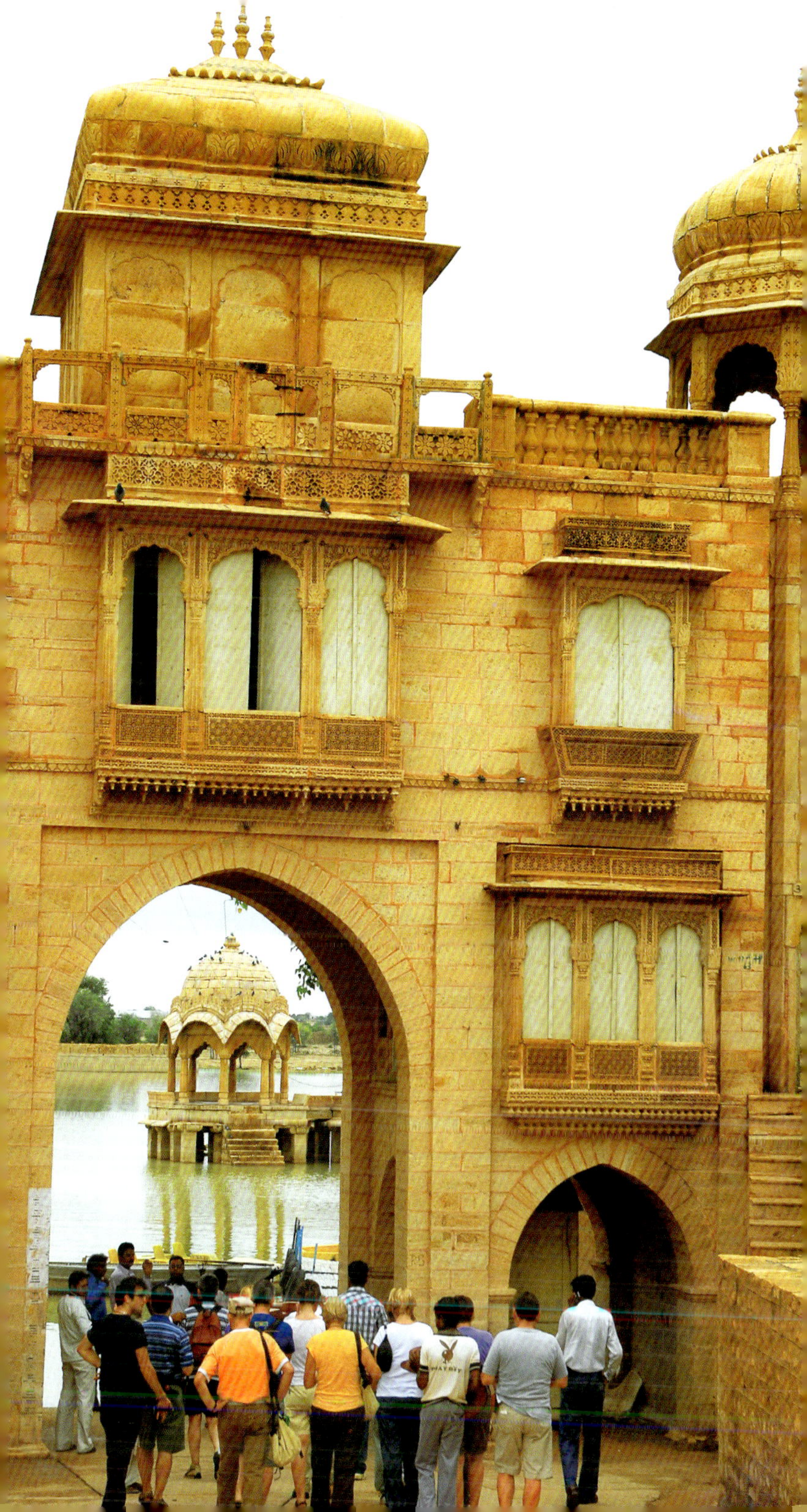

乌代布尔

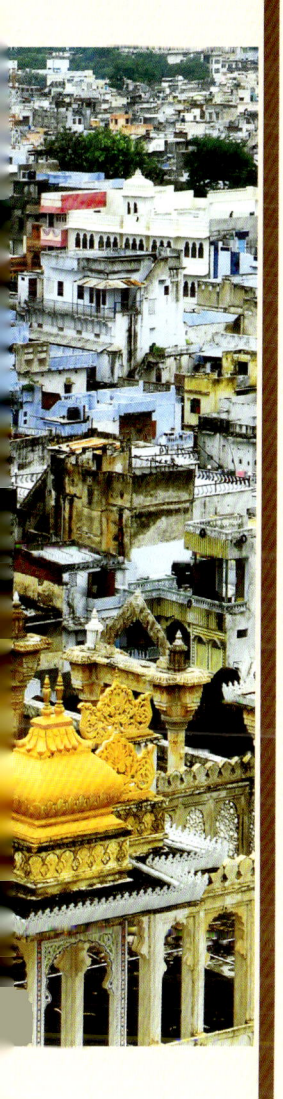

拉贾斯坦邦的乌代布尔宛如法国的巴黎，经常被人视为浪漫的代名词。这座历史悠久的城市，因为皮丘拉湖（Pichola）中优美的宫殿而显得与众不同，再加上雄伟的城市皇宫博物馆依偎湖畔，使得乌代布尔成为印度童话故事场景的地方。

乌代布尔兴建于1568年乌代·辛格（Udai Singh）大君时期，莫卧儿帝国统治印度时，乌代布尔是拉贾斯坦邦地区唯一不通婚示好的公国。到了英国殖民时期，英皇在德里召见印度诸王侯，只有乌代布尔的法特·辛格大君（Maharaja Fateh Singh）断然拒绝前往，充分展现了乌代布尔人的骄傲与尊严。

乌代布尔不但是拉贾斯坦邦湖泊最多的城市，同时也是传统工艺的重镇，其中又以细密画最为出名。小而充满着浪漫气氛的旧城区是游览乌代布尔的重点，光是位于皮丘拉湖湖畔的城市宫殿以及希瓦·尼瓦斯宫等众宫殿，就足以展现辉煌的皇室风采。只不过终年炙热的气候再加上少雨的雨季，让乌代布尔往昔湖光山色的景致已不复见，也使得湖里两座宫殿经常矗立于干枯的沙地中，尽管如此，这里的皇宫酒店仍然吸引着很多游客。

乌代布尔交通

如何到达——机场至市区交通

乌代布尔达博克机场（Dabok Airport）位于市区以东约 25 千米处，从德里和孟买每天都有航班往返两地，航程均约 1 小时 40 分钟。从机场可以搭乘出租车前往乌代布尔市区，费用约 200 卢比。

捷特航空
🌐 www.jetairways.com

如何到达——火车

乌代布尔有两个火车站，一个是离市区较近、位于东南方的乌代布尔城市火车站（Udaipur City Station），一个是比较远，位于北方的乌代布尔火车站（Udaipur Station）。两个火车站都位于市区，游客可以乘坐人力车或电动车前往旅馆。

印度铁路公司
🌐 www.indianrail.gov.in

如何到达——巴士

搭乘巴士从焦特布尔或斋浦尔前往乌代布尔均需 8～9 小时。长途巴士站位于市中心的东边，搭乘人力车前往城市宫殿一带约需 30 卢比。

市区交通

市内都可以选择乘坐电动车出行，若要到比较远的地方不妨选择出租车，可以在游客服务中心找到。参加游客服务中心安排的城市导览行程，以及前往附近其他城市参加更便宜的行程，也是不错的选择。

旅客咨询

拉贾斯坦邦旅游办公室
🏠 位于 Suraj Pol 城门圆环东侧的建筑内
☎ 0294-2411535
🕙 周一至周六 10:00-17:00

精华景点

城市皇宫博物馆
(City Palace Museum)

- City Palace
- 位于皮丘拉湖畔,从市中心钟塔步行前往约20分钟
- 0294-2528016
- 9:30-16:30
- 50卢比
- www.eternalmewar.in

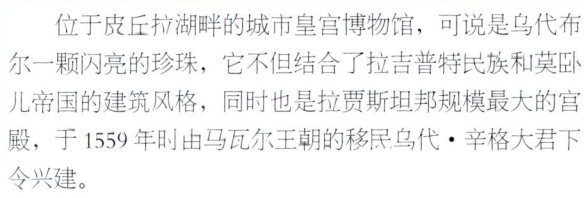

位于皮丘拉湖畔的城市皇宫博物馆,可说是乌代布尔一颗闪亮的珍珠,它不但结合了拉吉普特民族和莫卧儿帝国的建筑风格,同时也是拉贾斯坦邦规模最大的宫殿,于1559年时由马瓦尔王朝的移民乌代·辛格大君下令兴建。

该建筑群共由11座宫殿组成,融合了16—20世纪历任22位大君的努力成果,如今王宫一部分改成了博物馆,一部分改建为豪华饭店,另一部分则是现任大君与其皇室后裔的居所。尽管现任大君在政治上并无实权,但在现今的印度社会中仍扮演着举足轻重的角色,且深受当地百姓的尊敬。

漫游 印度

　　城市宫殿是整座宫殿建筑群中最古老的部分，包含了原本皇宫中的大君宫殿（Mardana Mahal）和皇后宫殿（Zennana Mahal）。进入皇宫前会先看到两块大型石头，这是大象的床，被当作大门使用的象神门（Ganesh Deoti Gate），用于划分出平民和贵族的界限，昔日平民是不能进入这扇门的。

　　皇宫以浅黄色石头打造而成，几乎没有窗户的底层犹如一道厚实的城墙，尽管宫殿外层围绕着厚重又高大的建筑，内部却由一条条屋顶低矮、蜿蜒窄小的通道连接着宫殿和中庭，这是典型的拉吉普特式宫殿设计，目的是让突袭的侵略者迷失在迷宫般的环境中。宫殿中还大量装饰着彩色玻璃的马赛克镶嵌、迷你的精致画，以及美丽的镜子。

乌代布尔

加格狄许寺庙 (Jagdish Mandir)

- 位于城市宫殿北侧广场上
- 从城市宫殿步行前往约 3 分钟
- 进入寺庙前必须脱鞋

必游之地 MUST-VISIT PLACES

加格狄许这座印度教寺庙,兴建于 1651 年,是乌代布尔地区规模最大且香客最多的寺庙。这座以石材打造的建筑,外观装饰有印度教各神祇化身的雕像,这些雕刻细致的主题和情节都与传说有关,其中包括毗湿奴的多种化身、黑天神的生平以及跳舞女神等。寺庙前方的亭子通往主殿,里面供奉着象征神的大黑石,它是毗湿奴的化身之一。主庙前方有一座小寺庙,里头端坐着毗湿奴的坐骑,同时也是寺庙守护神的金翅鸟加鲁达(Garuda)。此外,主庙四周的角落里各有一座小神龛,分别供奉着湿婆神、象神、太阳神苏利耶(Surya)以及杜儿噶女神。

汽车博物馆 (Vintage & Classic Car Collection)

- Garden Hotel
- 从城市宫殿步行前往约 20 分钟
- 0294-2528016
- 9:00-21:00
- 门票 150 卢比,含塔利的午/晚餐套票 240 卢比
- www.eternalmewar.in

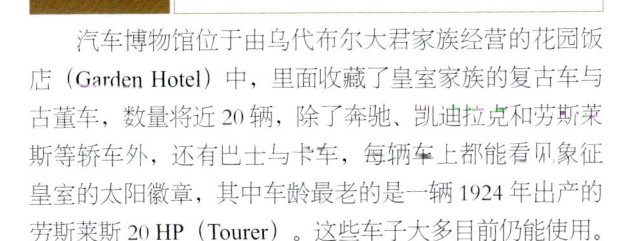

星级推荐

汽车博物馆位于由乌代布尔大君家族经营的花园饭店(Garden Hotel)中,里面收藏了皇室家族的复古车与古董车,数量将近 20 辆,除了奔驰、凯迪拉克和劳斯莱斯等轿车外,还有巴士与卡车,每辆车上都能看见象征皇室的太阳徽章,其中车龄最老的是一辆 1924 年出产的劳斯莱斯 20 HP(Tourer)。这些车子大多目前仍能使用。

此外,博物馆所在的花园饭店餐厅还提供分量十足的塔利套餐,只要多加 90 卢比,就能在舒适的环境中享用餐点,非常划算,吸引了许多游客前来参观与用餐。

153

漫游 印度

侍女的光荣花园 (Saheliyon-ki-Bari)

- 位于法特·沙迦尔湖（Fateh Sagar）东边
- 距离城市宫殿约 3.5 千米，可搭乘电动车前往
- 8:00–18:00
- 5 卢比

★星级推荐

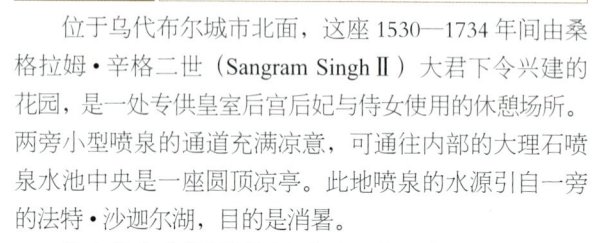

位于乌代布尔城市北面，这座 1530—1734 年间由桑格拉姆·辛格二世（Sangram Singh II）大君下令兴建的花园，是一处专供皇室后宫后妃与侍女使用的休憩场所。两旁小型喷泉的通道充满凉意，可通往内部的大理石喷泉水池中央是一座圆顶凉亭。此地喷泉的水源引自一旁的法特·沙迦尔湖，目的是消暑。

侍女的光荣花园周围有草地、花卉多种植物，是沙漠地区难能可贵的景观。此外，在水池后方的建筑，如今已改建成一座科学博物馆，里面陈列着动物骨骼标本以及历史上伟大科学家的雕像等物品。

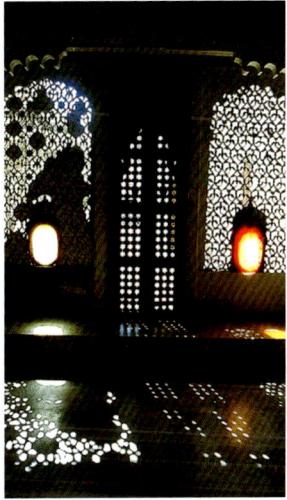

巴果尔哈瓦利宅邸
(Bagore-ki-Haveli)

- Gangaur Ghat
- 从城市宫殿步行前往约 20 分钟
- 10:00-17:30
- 25 卢比

这栋外观美丽的哈瓦利宅邸就位于皮丘拉湖畔的冈果尔河坛（Gangaur Ghat）旁，兴建于 18 世纪中叶，是乌代布尔前任首相的私人住宅，有 138 个房间、露台和雅致的楼台。如今这座宅邸的其中一部分已改建成一座两层的博物馆，上层展出看门细整修后的原件家具与工艺品装饰，下层则主要展出乌代布尔传统服装、乐器、艺术品，甚至还有厨具等用品。

入夜后，巴果尔哈瓦利宅邸顿时成了热闹的表演舞台，每天晚上 7:00，身着传统服饰的舞者，都会带来一连串拉贾斯坦邦的民俗歌舞表演。从舞者身上的服饰可以看出拉吉普特人对于色彩极为敏锐。色彩缤纷的服饰、燃烧的火炬、大量的旋转、有节奏的鼓声，让人充满活力，其中最值得一看的是一位头顶瓮罐的妇人，随着头顶瓮罐数量的增加，她不但能跳舞、脚踏铜盘旋转，甚至还能踩玻璃，此外，逗趣的木偶表演也深受游客的欢迎。

漫游
印度

湖宫饭店
(Lake Palace Hotel)

- Taj Lake Palace, Lake Pichola
- 从城市宫殿下方的湖畔乘船前往
- 0294-2528800
- www.tajhotels.com

必游之地 MUST-VISIT PLACES

　　这座漂浮于皮丘湖杰格·尼瓦斯岛（Jagniwas Island）上的白色大理石宫殿，曾是乌代布尔王公拥有的夏宫，由贾哥·辛格二世（Jagat Singh Ⅱ）大君下令兴建，落成于1754年。1983年时因为007系列电影《八爪女》（Octopussy）在此处拍摄场景而声名大噪，所有想前往湖宫饭店的人，即使在枯水期也都得搭乘小船进入，上岸后伴随着拉贾斯坦邦传统乐曲声，抵达撒满花瓣的大厅，体验皇室招待宾客的方式。

　　湖宫饭店共有83间面对湖景或荷花池的客房，里面装饰着色彩明亮的细密画、精致的木雕家具以及彩色玻璃。主题不一的套房或镶嵌玻璃艺术，或彩绘黑天神壁画，或从镜框到门框无一不点缀精美的雕花……让人不禁追忆昔日的皇宫生活。三间提供各类料理的餐厅，以Jharokha最具特色，这座17世纪的大理石宫殿内拥有数十扇窗户，尽收湖上风光，每当雨季过后湖水涨满时，坐在这里用餐就仿佛漂浮在水上一般。

千柱之庙
(Adinatha Temple)

- 🏠 位于乌代布尔西北方约 90 千米处的拉纳布尔（Ranakpur）
- 🚆 从乌代布尔搭车前往约需 3 小时，可从当地包车展开一日往返的行程
- 🕐 12:00–17:00
- 💰 免门票，携带照相机 50 卢比
- ❗ 进入千柱之庙无论男女均必须身穿长袖上衣与长裤（或长裙），庙方提供衣物租借，每件 20 卢比，需押 100 卢比押金，进入寺庙必须脱鞋，供奉 Adinath 的神像不可拍照。寺庙内有修行者免费提供解说，可随意给些小费

在焦特布尔和乌代布尔间一座名为拉纳布尔的村落里，有一座全世界规模最大的耆那教寺庙，对所有耆那教徒来说，它无疑是印度五大耆那教朝圣地之一，每年总能吸引成千上万名游客前来参观。

这座以大理石打造的庞大建筑群，拥有无数大小圆顶和尖塔，在空无一物的山丘上更显雄伟。由于拥有超过 1444 根立柱撑起的层层圆顶，使它获得"千柱之庙"的美名。这座寺庙也因其精雕细琢而闻名，特别是它刻满密密麻麻装饰的立柱，每根立柱上的图案都不重复，也因此不但其数量难以数清，就连出现在立柱上方的神祇雕像也一样难以估计，所以千柱之庙花了将近 65 年的时间才完工。

千柱之庙朝四面展开，4 条走道通往分散内部的小室，位于中央的主神殿是献给耆那教第一位祖师（Adinath）的四面寺（Chaumukha Temple），在它的四个角落分别林立着另外四座附属神殿，殿内是由将近 400 根立柱撑起 80 座圆顶和 24 座柱厅组成。这样的寺庙结构以及以 4 为倍数的造型，象征着祖师可以征服四方。

千柱之庙拥有自己的独特风格，从里到外、从上到下，几乎没有一处不铺满花纹，立柱上的花纹一路爬上天花板，在上头开满漩涡形叶饰和对称花样，位于中央的部分和圆顶的底部，则围绕着神像。其中有一处雕刻最引人入胜，位于主要入口的西侧，在一块单一的大理石圆盘上雕刻着 108 只头尾相连的蛇，从起始的那只一直连到最后，中间没有任何一处断裂。

孟买

孟买是印度最重要的经贸商业大城、电影业重镇、工业中心和计算机软件的重要发展地。和印度其他城市相比较,孟买是一个让人感到轻松的地方,它没有德里那般沉重的历史背景,也没有加尔各答那样的脏乱拥挤,或许是因为靠海的缘故,也或许是宝莱坞电影工业的缘故。

孟买在 6 世纪到 13 世纪时隶属印度教王朝,从 14 世纪起开始被穆斯林统治,后来又被割让给葡萄牙,虽然当时葡萄牙并没有致力于发展孟买,不过到了 17 世纪时,因缘际会使得孟买被英国东印度公司租借,从此就展开了印度与英国间密切的联系。

当英国东印度公司掌控孟买后,英国政府允诺这里为宗教自由之地,孟买便迅速成为各国商人云集的港口,而英国东印度公司也将总部迁移至此,以便掌控印度西部海岸的贸易。所以今日孟买的街头还遗留着许多欧洲风格的房舍和英国哥特式建筑,依稀可以看出当时繁华的历史痕迹。入夜后,孟买同样充满活力,不论是夜市、餐厅、酒吧还是夜总会,都提供给游客玩乐的空间。

孟买交通

如何到达——飞机

孟买贾特拉帕蒂·希瓦吉国际机场（Chhatrapati Shivaji International Airport）位于城市以北30千米处，尽管距离不算太远，但是因为孟买交通拥堵，如果前往饭店聚集的城堡区（Fort）或科拉达（Colaba）区，通常需要花60分钟的时间。

内地游客可以从北京、上海、广州、成都等地出发，在香港转机，或者从印度德里乘坐国内航班。德里每天有数十架航班飞往孟买，航程约2小时，此外加尔各答、瓦拉纳西、斋浦尔、乌代布尔、果阿、奥兰加巴德、科钦等城市，每天也都有航班飞往孟买。

无论是国际还是国内机场都有预付出租车前往孟买市区，从机场到科拉达区的费用在375～400卢比，前往珠瑚（Juhu）区则为180～200卢比。至于往来于两座机场之间的旅客，可搭乘每15分钟发1班车的免费巴士（Fly Bus）。

Chhatrapati Shivaji
www.csia.in

捷特航空
www.jetairways.com

如何到达——火车

孟买的主要火车站有两个，一个是位于市中心的恰德拉巴蒂西瓦吉（Chhatrapati Shivaji Terminus）车站，也称为维多利亚火车站，另一个是位于孟买西南方的中央（Mumbai Central）站。大部分来自于印度东部和南部区域的火车，多会停靠在维多利亚火车站，由这里搭车前往科拉达区只需要10～15分钟。从北印度出发的火车，大都停靠在孟买中央站，从这里搭车前往科拉达区约需30分钟，出租车费约200卢比。

印度铁路公司
🌐 www.indianrail.gov.in

如何到达——巴士

几乎所有的长途巴士都停靠在孟买中央站旁的巴士总站（Mumbai Central Bus Stand），政府经营的巴士（MSRTC）有自己独立的车站，至于私人经营的巴士则停靠在拉明顿路（Lamington Road）上。从这里可搭乘出租车前往饭店。

市区交通

孟买的旅游景点不多，市内都可以出租车代步，不过电动车已经禁止进入市区，唯一要注意的是，一定要求出租车司机使用里程表。一般来说科拉达区、城堡区、卡拉哥达区（Kala Ghoda）都可以通过悠闲散步串联各景点。

旅客咨询

印度旅游局
办公室
🏠 123 Maharshi Karve Road
☎ 022-22033144
🕐 周一至周五 8:30-18:00，
周末及国定假日 8:30-14:00
🌐 www.incredibleindia.org
❗ 国际和国内机场另有 24 小时的旅客服务中心

国际机场
☎ 022-28325331

国内机场
☎ 022-26156920

马哈拉施特拉邦观光开发公团
🏠 Opp. L I C Bldg., Madame Cama Road, Mariman Point
☎ 022-22026713
🕐 9:45-18:30
🌐 www.maharashtratourism.gov.in

精华景点

恰德拉巴蒂西瓦吉车站
(Chhartrapati Shivaji Terminus，或 Victoria Terminus)

- Dr Dadabhai Naoroji Road, Fort Area
- 位于孟买市中心
- 清晨到晚上，以火车首末车时间为准
- 免费

恰德拉巴蒂西瓦吉车站以前被称为维多利亚火车站，从旧称就可以看出，该火车站是全印度最能代表维多利亚哥特式风格的建筑，其外观装饰着无数精细的雕刻，非常华丽，仿佛一座宫殿矗立在忙碌的孟买街头。如果说，泰姬陵是最能代表莫卧儿王朝的建筑物，那么维多利亚火车站就是英国统治印度时期的代表性建筑。2004年，整座火车站被列入《世界遗产名录》。

整体说来，这又是一座殖民时期才有的综合性建筑体，它集维多利亚、印度、伊斯兰教等建筑元素于一身，丰富且复杂的雕饰在建筑的柱子、圆顶、尖塔、飞扶壁、塔楼、彩绘玻璃窗上随处可见，其中包括孔雀、猴子、狮子、蛇和常在哥特式建筑上出现的兽类。中央的圆顶高达4米，大门口两侧分别有狮子和老虎的石雕，代表着印度和英国相互尊重。

高等法院
(High Court)

- Eldon Road, Fort Area
- 从维多利亚火车站步行前往约 20 分钟
- bombayhighcourt.nic.in

高等法院就位于孟买大学旁，中间隔着大学路（University Road）两两相望。高等法院的外观就像座堡垒，也是孟买第二大的公共建筑。建筑本身完成于1848年，属于新哥特式建筑，其建筑灵感来自于德国的城堡，整座建筑中间是一座宏伟的楼梯，各个楼层则布满了一间间蜂巢般的法庭、法官、律师，以及所有司法相关人员，一场场司法大戏每天就在印度司法体系下忙碌地上演着。高等法院允许入内参观，同时可以见识到印度热闹的诉讼过程。

孟买大学 (University of Mumbai)

- 由 Mahatma Gandhi Road、ASD Mello Road、Bhaurao Patil Marg 及 University Road 四条路所围起来的区域
- 从维多利亚火车站步行前往约 20 分钟
- www.mu.ac.in

星级推荐

孟买大学面积不大，建筑却很值得观赏，乍看之下，就好像法国 15 世纪的哥特式杰作，很突兀地建在孟买的椰林丛中。校园由吉尔伯特·史考特（Gilbert Scott）设计，他曾经因为设计伦敦的圣潘克拉斯（St.Pancras）车站颇负盛名。整座大学建筑群的焦点就是将近 80 米高的拉贾拜钟塔（Rajabai Clock Tower），仔细看上面的雕刻，你会发现那些雕像分别代表了印度各地不同的族群，不过钟塔是禁区，倒是大学图书馆和会议大厅可以进去一探究竟。

内瑟斯·艾里亚胡犹太教堂 (Knesseth Eliyahod Synagogue)

- Dr VB Gandhi Marg
- 从维多利亚火车站步行前往约 20 分钟
- 022-22831502
- 全天
- 免费

这座犹太教堂隐身在卡拉哥达区的巷弄中，外表漆成鲜艳的天蓝色以及白色线条，十分容易辨认。这是孟买最古老的西班牙系犹太教堂（Sephardic Synagogue），建于 1884 年，由萨逊（Sassoon）家族出资兴建。虽已有百余年历史，但仍受到孟买犹太教徒的精心维护，至今还在运作中。教堂内部和它的外表一样精彩，蓝白色调、螺旋柱子、枝形吊灯、彩绘玻璃……如果下午时分过来，阳光透过彩绘玻璃投射进来，更显七彩夺目。

西印度威尔士亲王博物馆
(Prince of Wales Museum Western India)

- K Dubash Marg, Kala Ghoda
- 从维多利亚火车站步行前往约 25 分钟
- 022-22844519
- 周二至周日 10:15-18:00
- 门票 300 卢比（含语音导览），携带照相机 200 卢比、录像机 1 000 卢比
- www.bombaymuseum.org

必游之地 MUST-VISIT PLACES

西印度威尔士亲王博物馆是孟买最大、收藏最丰富的博物馆。这座博物馆是当年为了庆祝威尔士亲王于 1905 年首度拜访印度而建的。

博物馆的外观非常值得欣赏，它坐落于花园的中央，由乔治·维泰特（George Wittet）设计，混合了伊斯兰、印度、英式建筑特色。西印度威尔士亲王博物馆的馆藏以雕塑品和细密画闻名，尤其是来自埃勒凡塔石窟、古吉拉达邦（Gujarat）的石雕最具价值。另外，这里还有印度河谷文明的陶器、印度教神像石雕、装饰艺术、武器、海洋历史、欧洲绘画等艺术品。其中不可错过的是位于一楼主要展览厅中、受希腊文明影响的 3 世纪犍陀罗（Gandhara）佛雕，以及二楼一尊 12 世纪的名为 Maitreya 佛陀的尼泊尔黄铜雕像。如果对印度现代艺术感兴趣，不妨前往斜对面的国家现代美术馆（National Gallery of Modern Art），那里可以欣赏到与西印度威尔士亲王博物馆截然不同的展品。

印度门
(Gateway of India)

- Apollo Bunder, Colaba
- 从维多利亚火车站步行前往约 30 分钟

印度门是孟买最著名的地标，在英国殖民政府统治印度期间，它是前往孟买的海上旅客最先看到的建筑物。

印度门是为了庆祝 1911 年时英国国王乔治五世和玛莉皇后到访印度而建的纪念碑。这座大型的玄武岩凯旋门，由一位苏格兰建筑师设计，两旁建有大型的接待厅、拱门和唤拜塔，周边的装饰灵感来自于 16 世纪的古吉拉特（Gujarat）伊斯兰建筑。夜晚时刻在茫茫大海的背景衬托下，打上灯的印度门更显雄伟。

由于这里是孟买当地人和游客聚集的地方，四处都有售卖各种食物、礼品、巨型气球的小贩，以及卖船票、开出租车的拉客者。印度门后方就是前往埃勒凡塔石窟的乘船点，许多游客都是从这里展开他们孟买之旅的。

滨海大道 (Marine Drive)

Netaji Subhashchandra Bose Road
从维多利亚火车站步行前往 15~20 分钟

★ 星级推荐

孟买因海港而发迹，靠近阿拉伯海的这一边，可以说是孟买最浪漫的地方，这道弧形的滨海大道南起纳里曼岬（Nariman Point），向北经过丘帕提海滩（Chowpatty Beach），直达马拉巴山（Malabar Hill）脚下。

这条大道兴建于20世纪20年代，全是海埔新生地。它是连接孟买郊区和商业、行政中心的主要通道，当然，这条干道不仅仅具有交通运输功能，更是供孟买居民休闲、游憩，以及外地游客观光的一条带状景点。

紧邻着海岸的地方，是绵延不尽的大道，行人可在此散步，隔着马路，则是一整排具有强烈装饰艺术风格的公寓，这些建筑约兴建于1930—1940年，水泥取代了过去的砖造和石造房子，当年的滨海大道也是孟买的时尚大道。

位于滨海大道中段的丘帕提海滩更是人潮聚集地，傍晚时分，和当地人一同享用印度食物贝尔普里（Bhelpuri），也是一种很特别的体验。此外，这里也是孟买一年中最大的节庆"象神节"（Ganesha Chaturthi，每年8—9月间）的举办场所。

埃勒凡塔石窟 (Elephanta Caves)

- Elephanta Island
- 从印度门后方搭船前往埃勒凡塔,费用为 130 卢比,船程约 1 小时,平均每 30 分钟有 1 班
- 9:00–17:00
- 门票 250 卢比,入岛税 5 卢比
- 6—9 月间时值雨季,在风浪较大或海水汹涌时,前往埃勒凡塔的船只可能会停驶

必游之地 MUST-VISIT PLACES

距离孟买外海约 10 千米的埃勒凡塔石窟,是座凿空山岩而建的中世纪印度教石窟,坐落于该岛最高处的它虽然面积不大,却在印度宗教上扮演着极其重要的角色。石窟于 1987 年列入《世界遗产名录》。

石窟的雕刻风格偏向笈多古典主义，在石窟门廊两侧与窟内的天然岩壁上，共有9幅巨型浮雕，石窟内有大量以湿婆神为主的浮雕和塑像，描述与这位破坏神相关的神话故事，因此整体来说，这里也算是一座湿婆神庙。

石窟深度约42.5米，高度4.9～5.6米间，其建筑有两大特色：一是厅堂内排列着规律的石柱林，这些石柱样式十分统一，底部为方形，上半部则呈扁圆形；二是靠近西方出口处有一个方形的神殿，神殿四边大门两侧各自雕有两尊守门神巨像（Dvarapalas），里面供奉着高约1米的林伽（Linga）。

住在孟买

泰姬总统饭店
Taj President
★★★★★
- 90 Cuffe Parade
- 022-66650808
- www.tajhotels.com

　　这家由泰姬饭店集团经营，位于孟买西侧海岸的饭店，邻近当地的世贸中心与商业区，因此住客多以商务人士为主。泰姬总统饭店拥有 292 间客房，其中有 20 间为套房，客房布置简单舒适，以现代化设备搭配老照片和古典装饰家具，风格新旧融合，此外，光是枕头的选择就多达 5 种。餐饮部分包括泰式餐厅、咖啡馆、酒吧、甜点坊和 24 小时营业的意大利餐厅，意大利餐厅的早餐时段供应自助式早餐，有水果、面包或热食，丰富多样且选择众多。该饭店的柜台人员服务周到且迅速，是一家无论硬件或软件方面都相当不错的饭店。

戈登豪斯酒店
The Gordon House Hotel
★★★★
- 5 Battery St., Apollo Bunder, Colaba
- 022-22894400
- www.ghhotel.com

　　该酒店坐落在热闹的科拉达区，位于泰姬玛哈皇宫饭店后方，是当地最早出现的精品酒店之一，拥有明亮、愉悦的色调。这家饭店以前屋主亚瑟·戈登（Arthur Gorden）命名，这位 20 世纪初的贸易家不但事业成功而且具有幽默感，这使得他成为当时最炙手可热的黄金单身汉之一。戈登豪斯酒店延续他热爱艺术的精神，将饭店内的每个楼层规划出不同的主题，包括地中海、乡村、北欧以及凡尔赛等风格，使住客在思想上能自由释放。

泰姬玛哈皇宫饭店
Taj Mahal Palace and Tower
★★★★★
- Apollo Bunder
- 022-66653366
- www.tajhotels.com

　　泰姬玛哈皇宫饭店面对孟买的港湾，建于 1903 年。泰姬玛哈皇宫饭店是当地知名的饭店，建筑本身结合了摩尔伊斯兰式（Moorish）的拱门、廊柱，以及文艺复兴式的圆顶，一个多世纪以来，一直是孟买最重要的地标。

乐经酒店
Le Sutra
- 14 Union Park, Khar
- 022-26492995
- www.lesutra.in

　　坐落于孟买北面静谧且时髦的班德拉（Bandra）区，距离国际机场大约 10 千米的乐经酒店，是第一家印度艺术酒店。该酒店以 3 个楼层展现印度哲学中引发意识的三种物质（Gunas），分别是色彩缤纷且充满异国风情的塔马斯（Tamas）、热情活力的拉加斯（Rajas），以及飘逸和美学的萨特瓦古娜（Sattva）。因为是艺术酒店，所以在这里艺术没有框架，在它16间客房中，床铺、墙壁甚至椅子都是艺术，更遑论装饰其中的壁画、雕刻、镶嵌物等。由于每个房间都有一个故事主题，因此风格各自独立。正因为这样独特的魅力，使得它获得包括纽约时报（New York Times）在内的国际各大媒体的推荐。

法利亚斯酒店
Fariyas
★★★★

- 25 Off Arthur Bunder Road, Colaba
- 022-22042911
- www.farlyas.com

位于科拉达堤道（Colaba Causeway）尾端的法利亚斯酒店是一家拥有海港景观的四星级饭店，邻近孟买世贸大楼等商业区，以及方便购物的科拉达区，生活十分便利。该店营业至今已经有40年的历史，从它古色古香的大厅可看出端倪，87间客房风格横跨莫卧儿、欧洲以及东方等主题，其中6间套房分别以阿格拉、牛津、剑桥、泰国等风情为主题装饰。饭店内的设施除餐厅外，还包括游泳池和健身房。

孟买君悦酒店
Grand Hyatt
★★★★★

- Off Western Express Highway, Santacruz (East)
- 022-66761234
- mumbai.grand.hyatt.com

酒店坐落于孟买北边的圣克鲁斯（Santa Cruz）区，距离机场约20分钟车程，占地0.12平方千米，拥有美丽的花园和水景。饭店除了提供多种客房与套房外，更有特大号（King Size）和大号（Queen Size）两种床铺可供选择，此外还有短期出租公寓，方便旅客或商务人士入住。饭店设施除健身中心、SPA和游泳池外，还有一间中式餐厅与酒吧，供应家庭料理的意大利餐厅，以及可以吃到著名坦都里烤肉的印度餐厅。

温莎城堡酒店
Chateau Windsor Hotel
★★★

- 86, Veer Nariman Road, Churchgate
- 022-66224455
- www.chateauwindsor.com

格兰德酒店
Grand Hotel
★

- 17, Shri S.R.Marg, Ballard Estate
- 022- 66580500
- www.grandhotelbombay.com

孟买希尔顿塔酒店
The Hilton Towers
★★★★★

- Near Air India Building, Nariman Point
- 022-66324343

吃在孟买

Leopold Cafe
- Near Electric House, Colaba Causeway
- 022-22828185
- 7:00-24:00
- www.leopoldcafe.com

这家大名鼎鼎的咖啡馆是孟买最知名且最具人气的餐厅兼酒吧，坐落于热闹的科拉达区堤道上。在1871年创立为咖啡馆以前，它原本是家售卖油品的商店，后来一度成为餐厅兼药房。看过《项塔兰》的读者想必对它并不陌生，这本被约翰尼·德普相中、已拍成电影的真人真事改编的小说，以孟买为背景，咖啡馆更在其中扮演了重要的角色。该餐厅提供各式各样的料理，涵盖印度、欧洲、中国、南美等地区的美食，它更是印度少数可以吃到牛排的地方。

Sahibaan
- Alipur Trust Building, 2nd Pasta Lane
- 022-32232833
- 11:00 至次日 0:30
- www.sahibaan.com

明亮简洁的外观和科拉达区热闹拥挤的街道形成对比，不同于一般印度餐厅给人昏暗的感觉，这里有着快餐店般明朗的气氛。从装饰室内墙壁的食物照片可以发现这是一家亚洲料理餐厅，包括中式、泰式、日式甚至马来西亚式风味，也因此在菜单的解说上会出现柠檬草、薄荷、莱姆等罕见于印度料理的香料。如果厌倦了鸡肉和羊肉，这里有大量的海鲜任人选择，特别是虾，做法多样。

Cafe Mondegar
- Metro House, 5-A Shahid Bhagat Singh Road, Colaba
- 022-22020591
- 8:00 至次日 1:00

这家店位于科拉达区堤道和 M. B. Meg. 的转角，四周堆满商品的摊贩，几乎遮蔽了这里的入口。当地人昵称这家咖啡馆为 Mondy's，拥有百年历史的它几乎成为孟买的地标之一。该店最大的特色是墙壁上画满知名漫画家马里奥·米兰达（Mario Miranda）的漫画与讽刺文章。餐厅从咖喱、意大利面到汉堡一应俱全，而清凉的啤酒与欢欣的气氛，使它成为孟买必访的酒吧之一。

购在孟买

Bombay Store
- Western India House, Sir P.M.Road, Fort
- 022-40669999
- 周一至周六 10:30-19:30，周日 10:30-18:30
- www.thebombaystore.com

历史回溯到1905年的Bombay Store，它的创立与一位杰出的印度商人和爱国者有关，当时这家店的创立者以The Swadeshi Store的名义，在外族统治的殖民时代，给予自己同胞一个观念：他们是有生产能力的国家，这为日后的Bombay Store奠定了基础。这里是选购所有印度特产的好地方，从线香、精油、乳液等芳疗产品，到细密画、镶嵌制品、桌巾等传统工艺，以及各种珠宝首饰，都能在此找到，其中不乏融合现代创意的居家用品。其也是当地人选购礼物的好地方。

Cottage Industries Exposition Limited (CIE)
- Transport House, Ground Fl., North Block, Colaba Causeway
- 022-22818802
- 9:30-19:30

如果不在乎价钱、想要购买高质量的手工艺品，CIE会是很好的选择，无论编织地毯、金银线刺绣画、珠宝镶嵌画、大理石镶嵌工艺、铜器与银器，还是珠宝首饰与纱丽……所有印度最知名的传统工艺，全都搜罗在内，不但种类丰富且做工精细，也因此价格往往难以商量，适合想挑选高质量纪念品的游客。

173

奥兰加巴德

如果不是阿旃陀、埃洛拉两座名列《世界遗产名录》的石窟,大概很少有人会千里迢迢前来奥兰加巴德(Aurangabad),它是马哈拉施特拉邦(Maharashtra)北部最大的城镇,不论搭乘飞机、火车或长途巴士,都会先在奥兰加巴德落脚,然后分别前往这两座相距30千米和105千米的石窟展开一日游。

尽管无法和阿旃陀、埃洛拉相比,奥兰加巴德城里还是有几处古迹和景点,行有余力不妨前往。例如比比·卡·玛巴拉陵(Bibi-Qa-Maqbara),这是奥兰卡巴国王(Aurangzeb)妻子的陵墓,建于1679年,乍看很像阿格拉的泰姬陵,然而规模小得多。较著名的景点还有奥兰加巴德石窟,时代可追溯到6—7世纪,虽然规模远远不及阿旃陀和埃洛拉,但好处是游客少,相对安静许多。此外,奥兰加巴德也以丝绸贸易著称,镇上有一些丝织工厂和商店。

奥兰加巴德交通

如何到达——飞机

奥兰加巴德机场（Chikal Thana）位于奥兰加巴德以东10千米处，从德里和孟买每天都有1~2个航班飞往该地，航程各约3小时40分钟和45分钟。从机场可搭乘出租车前往市区，费用约200卢比，另外机场附近的五星级饭店有迷你巴士穿梭。

捷特航空
- www.jetairways.com

如何到达——火车

奥兰加巴德的主要火车站位于市中心的西南方，每天有3班直达火车从孟买发车，火车站邻近市中心，前往各景点或饭店都相当方便。

印度铁路公司
- www.indianrail.gov.in

如何到达——巴士

长途巴士停靠于法院路（Court Road）和车站西路（Station Road West），巴士站距离火车站约2.5千米。从孟买搭乘巴士前来车程约8小时。

市区交通

奥兰加巴德大部分景点彼此之间都有些距离，不过随处可见的电动车可以解决这个问题，如果是远途不妨议价。你也可以在火车站前招呼到出租车，或是通过旅行社包车，一天8小时，具体价格视车况而定，为1200~2200卢比。富有运动精神的人也可以租辆脚踏车，穿梭于这座城市的巷弄间。

旅游咨询

印度旅游局旅客接待中心
- MTDC Holiday Resort, Near Goldie Cinema, Station Road
- 0240-2364999
- www.incredibleindia.org

马哈拉施特拉邦开发公团
- Aurangabad Railway Station
- 周二至周日 4:30-8:30, 11:00-15:00
- www.maharashtratourism.gov.in

精华景点

阿旃陀石窟
(Ajanta Caves)

- 位于奥兰加巴德东北方约 105 千米处
- 一般的游客会以奥兰加巴德为出发点,展开阿旃陀石窟一日游的行程。从奥兰加巴德可搭乘观光巴士前往,费用约 270 卢比,也可搭乘当地巴士前往。比较方便的方式是在奥兰加巴德向旅行社租车前往,费用视车种与是否含空调而异,为 1 200 ~ 2 200 卢比
- 0243-8244226
- 周二至周日 9:00-17:30
- 门票 250 卢比,洞穴照明费 5 卢比,说施费 5 卢比
- 注意事项:
  1. 所有车子必须停放在阿旃陀石窟 4 千米外的停车场,之后再搭乘接驳巴士进入,巴士单程费用约 10 卢比
  2. 在 1、2、16、17 石窟内禁止使用闪光灯,若欲摄影则需额外付费
  3. 因石窟内光线昏暗,可自行携带手电筒
  4. 携带足够的矿泉水及干粮、零食,因为只有石窟入口处才有餐厅和饮料售卖部
  5. 自助旅行者可以将大背包寄放在入口旁的寄物处

阿旃陀石窟属于佛教石窟,30 座石窟分散在马蹄形峡谷中,开凿约始于公元前 200 年到公元 650 年间,比埃洛拉石窟群的历史更为久远。然而由于某种原因,阿旃陀石窟在公元 8 世纪后就被荒废,直到 1819 年才被狩猎老虎的英国士兵意外发现,而这段长达 10 世纪之久的遗忘,也让阿旃陀石窟精致的佛教艺术得以保存,成为日后印度重要的佛教石窟代表之一。

有趣的是,这些阿旃陀石窟并非以年代顺序排列,年代最久远的石窟,反而位于峡谷的正中央,年代较近的石窟则排列于峡谷的两端,其中唯有 29、30 号石窟开凿于峡谷的另一面。

基本上,阿旃陀石窟的发展形态也分为两个主轴:一个是早期仅以佛塔、佛祖脚印为代表的早期佛教石窟(公元前 2 世纪至公元 3 世纪),

包含 8、9、10、12、13 和部分 15 号石窟；另一个则是以佛像为代表的笈多王朝时期石窟（4—7 世纪），包含 1、16、17、19、26 号石窟。

阿旃陀石窟分为两类，一是支提（Chaitya），是印度佛教建筑的一种形式，泛指佛殿、塔庙、祠堂，通常呈现 U 字形，长方形前殿两侧排列着八角形的柱林，柱子则分隔出中殿和侧廊，半圆形后殿中央安置着小型圆塔，天花板则是仿木结构的肋拱形状；另一类是毗诃罗，指出家僧人集体居住静修的僧院、学园、僧房，毗诃罗通常是一个大厅，周遭分为多处小厅，大厅中央则竖立着大型佛像。阿旃陀石窟有 5 个石窟为支提，另外 25 个石窟则为毗诃罗。

值得一提的是，精致且丰富的阿旃陀石窟壁画，是印度古代壁画的重要代表作，同时也是阿旃陀石窟的精华。这些壁画创作于公元前 2 世纪到公元 5 世纪，内容多是描述佛祖的生平与前世的佛本生故事（Jataka tales），以及笈多王朝时期生动的人民生活与街景。

佛本生故事主要是指佛陀前生为国王、婆罗门、商人、女人、象、猴等所行善业功德的寓言故事，用来阐发因果报应，宏宣忍耐和施舍。

就技术层面上来看，阿旃陀早期的艺术家将泥土、牛粪和动物毛发混合后涂抹在石窟内的墙壁上，凝结后再涂上一层矿物石灰泥，之后在干了的墙面上创作。这样的技术不但与创作一般的壁画不同，而且要在仅有黯淡光线的石窟内绘画和上色，因此能有这般栩栩如生的壁画，实在令人赞叹不已。这些壁画可以在 1、2、10、16、17 号石窟中看到。而笈多王朝时期的壁画主要出现在 1、16、17 号等石窟。

埃洛拉石窟群 (Ellora Caves)

- 🏠 距离奥兰加巴德西以北约 30 千米处
- 🚌 在奥兰加巴德的中央巴士站,可搭乘每半小时发车的当地巴士前往埃洛拉,车程约 45 分钟,费用约 15 卢比,另外也可搭乘电动车前往,费用为 350~400 卢比。比较舒适的方式是选择旅行社提供的吉普车和观光巴士等交通工具,当然也可以通过旅行社租车前往,租车费用视车种与是否含空调而异,为 600~1 200 卢比
- ☎ 0243-7244440
- 🕐 凯拉萨神庙周三至周一 9:00-17:30,其他石窟周三至下周一的日出到日落
- ¥ 凯拉萨神庙门票 250 卢比,其他石窟免费
- ⚠ 注意事项:
  1. 埃洛拉石窟群的面积非常宽广,1~16 号石窟聚集在一处,17~28 号石窟聚集在一处,29、30 号石窟独立在一处,最后的 28~31 号石窟聚集在一处
  2. 如自行前往,可以在凯拉萨神庙前方的入口处搭电动车前往其他石窟
  3. 携带帽子、足够的矿泉水和干粮,主入口处外围也有多家餐厅可以用餐
  4. 进入凯拉萨神庙参观最好选择下午时段,此时神庙才会面对光源,拍出来的照片会更好看
  5. 佛教石窟内的看门者都会热心为游客解释,可以赠送笔或是不需要的用品作为答谢

与阿旃陀石窟并称为印度石窟艺术代表作的埃洛拉石窟群,同样也位于奥兰加巴德附近,只不过埃洛拉石窟群的开凿年代比阿旃陀石窟晚,34 座石窟区分为佛教、印度教、耆那教三种。埃洛拉石窟群开凿于长达 2 千米呈南北走向的新月形玄武石岩壁上,由于岩壁的坡度不像阿旃陀石窟那般陡峭,因此位于埃洛拉的石窟群都拥有宽广的前庭。

埃洛拉石窟群包含 12 座佛教石窟(600—800 年)、17 座印度教石窟(600—900 年)和 5 座耆那教石窟(800—1000 年),从这些石窟中不仅可以得知在遮卢迦王朝(Chalukya)和特拉什特拉库塔王朝(Rashtrakuta Dynasty)统治德干地区期间,印度教蓬勃发展、佛教逐渐衰落与耆那教崛起的情况,同

时也说明了当时包容各种宗教的社会情形。

考古学家把这 34 座石窟从南向北依次编号，南端第 1～12 号石窟为佛教石窟，中间第 13～29 号石窟为印度教石窟，北侧第 30～34 号石窟为耆那教石窟。就建筑艺术层面来看，埃洛拉石窟以精致的雕刻闻名，这些石雕虽然分属于三个不同的宗教，但在风格上都受到印度教艺术的影响。

然而，真正让埃洛拉石窟声名远播的，是祭拜印度教湿婆神的凯拉萨神庙，这座动用 7 000 多名劳工，费时 150 年开凿而成的全世界最大的巨石雕刻神庙，是每年 12 月举办埃洛拉音乐舞蹈节的地点。

佛教石窟（1～12 号石窟）

12 座佛教石窟约开凿于 7—9 世纪间，除了第 10 号石窟是支提外，其余的石窟皆为毗诃罗。1～10 号石窟的样式比较简约，11、12 号石窟的形式比较复杂，这可能是为了与华丽的印度教石窟相媲美的结果。这些佛教石窟在建筑与雕刻风格上虽不像印度教石窟那般繁复，却已偏离了笈多时期的古典主义风格。其佛像雕刻采用一佛二胁侍的三尊形式，并且还多了菩萨、女神等塑像，属于大乘佛教末期的风格。

印度教石窟（13～29号石窟）

17座印度教石窟位于新月形玄武岩壁中段，开凿于7—10世纪，代表了埃洛拉石窟群发展的鼎盛时期。

印度教石窟承袭佛教石窟的基本样式并加以改革变化，气势磅礴且装饰华丽，综合了南、北印度的印度教神庙风格。印度教雕刻都具有丰富的动态表现形式，并且大量运用湿婆、毗湿奴及其化身等印度教诸神的雕像。与佛教石窟不同的是，印度教石窟多用来祭拜神祇，并不会拿来当作冥想场所或僧房等。

印度教神庙大多是从崖顶向地面挖掘，而开凿在石窟内的神庙多以开放式的两层建筑呈现，建筑内部大多排列着石柱，墙上刻着大面积的印度教神祇浮雕。神庙面对着U字形的中庭，中庭通常会有两种建筑形式，一种是传统的湿婆神庙，另一种是坐骑公牛南迪祠堂，而神庙中央则供奉着林伽。

耆那教石窟（30～34号石窟）

5座耆那教石窟在9—11世纪间开凿，属于埃洛拉后期发展的石窟，这些石窟距离印度教的29号石窟约1千米远。从建筑方面来看，耆那教石窟多半模仿印度教石窟，不过雕刻十分细密与精致。

果阿

果阿这个位于孟买南面的小邦，海岸线长达100多千米，布满绵密白沙的椰林海滩一望无际，依偎着阿拉伯海。

在过去长达450年的时间里，果阿成了葡萄牙的殖民地，一大半的人民信仰基督教，在金色沙滩的后面，经常矗立着白色的教堂，从当地的宗教信仰与生活方式里，也可以看出在印度文明里糅合的拉丁色彩。

果阿大致以曹力河（Zuari River）为界，分成北果阿和南果阿，名列《世界遗产名录》的旧果阿和首府帕纳吉都位于北果阿，大多数游客也都集中在北果阿的海滩，南果阿则较少有游客造访。不过近年来因为南果阿相对而言更为遗世独立，所以越来越受到游客欢迎。

果阿交通

如何到达——飞机

果阿达博里姆机场（Dabolim Airport）位于首府帕纳吉（Panaji）以南29千米处，国际机场和国内机场只有几步之遥，与孟买之间的飞行时间约为1小时，每天都有多个航班往返两地。机场外有预付出租车，价格公道，到帕纳吉约500卢比。

捷特航空
- www.jetairways.com

如何到达——火车

孟买每天都有夜车前往果阿，火车站位于南果阿的马尔冈（Margao）。从这里可以搭乘出租车到巴士站，后转搭地方巴士前往各城镇。

如何到达——巴士

长途巴士会停靠在帕纳吉、马尔冈、玛普沙（Mapusa）、卡兰古特（Calangute）等较大的城镇，由此再转搭电动车前往各市区景点。

市区交通

果阿看似不大，但来往各城镇也颇为费时耗力，预算较充裕者，可以出租车代步，一天至少1 000卢比，但主要还是看路程远近。电动车只限于市区内行驶，旅客在海滩与海滩之间往来，必须租用出租车。每一个海滩都设有主要的出租车招呼站。

最经济实惠的方式是租辆摩托车，果阿是全印度少数能租到摩托车的地方，一天300～350卢比，不含油钱，只是在空气污染严重的印度骑摩托车，要有灰头土脸的心理准备，若能避开大马路，穿梭在乡间椰林小径，倒也轻松自在，路途远近则量力而为。

旅客咨询

印度旅游局
- Communidade Building, Church Square, Panaji
- 0832-2223412
- 周一至周五 9:30-18:00，周末和假日 9:30-14:00
- www.incredibleindia.org

果阿邦观光开发公团
- Trionora Apartments, General Costa Alvares Road, Panaji
- 0832-2424001
- 周一至周五 9:30-18:00
- www.goa-tourism.com

精华景点

帕纳吉 (Panaji)

🚌 从果阿机场到帕纳吉搭乘预付出租车，车费约500卢比；长途巴士和地方巴士均停靠在位于市中心以东1千米处的Kadama巴士站；至于穿梭市区最方便的方式，当然是搭乘电动车

● **果阿邦博物馆**
- 🏠 EDC Complex, Pato
- ☎ 0832-2438006
- 🕒 周一至周五 9:30-17:30
- 💰 20卢比
- 🌐 www.goamuseum.nic.in

身为果阿邦的首府，帕纳吉不像其他印度大城市那般繁忙，反倒透露出一股缓慢的悠闲感，尽管印度城市特有的喧闹嘈杂，这里一样也没逃过。

帕纳吉坐落于曼多维河（Mandovi）河口，加上葡萄牙人遗留下来的殖民式建筑，其呈现的蓝白、粉柔色调，乍看倒像一座地中海小镇，而它混合多元的文化风格，又有点接近拉丁美洲的城市。

帕纳吉可看的景点不多，不过十分适合散步，特别是位于奥兰溪（Ourem Creek）畔的帕纳吉旧城，即圣多美（São Tomé）区域，林荫大道、殖民时期建筑以及葡式餐馆，十足的葡式风格，至今仍有许多居民操着葡萄牙语。除此之外，游客也可以从河上欣赏这座城市，果阿旅游局（GTDC）设计了一种1小时的游船之旅，傍晚时分可从圣莫尼卡（Santa Monica）搭船，船上同时有果阿地方民谣和舞蹈表演。

漫游 印度

圣洁的圣母玛丽亚教堂 Church of our Lady of the Immaculate Conception

在大航海时代，当葡萄牙水手从遥远的里斯本出发来到果阿，船只从阿拉伯海转进曼多维河时，首先看到的城市便是帕纳吉，在继续前行抵达旧果阿前，水手们便会先上岸来到这座白色的教堂，以答谢上天保佑他们一路平安。

圣洁的圣母玛丽亚教堂是帕纳吉最重要的地标，建于1619年，拥有巴洛克式的洁白立面及两座高塔，今天在教堂下方所见的两道交错楼梯，是两个世纪后才增加的，至于钟楼上的钟，则是来自旧果阿的圣奥古斯汀教堂。

旧秘书处 Secretariat Building

曼多维河的旧秘书处是帕纳吉最老的建筑之一，今天则是果阿邦的议会所在地。

果阿邦博物馆 Goa State Museum

这座政府博物馆位于奥兰溪东岸、卡丹巴（Kadamba）巴士站的西南边，地处荒僻，不容易找到。博物馆的收藏和陈列十分杂乱，建筑物也有一点老旧，从基督教艺术、印度教和耆那教的雕刻和铜器，到印度各地的画作，甚至野生动物的模拟生态，全部在这座博物馆中展出。

果阿

旧果阿 (Old Goa)

- 位于首府帕纳吉以东约 9 千米处
- 从帕纳吉搭车前往约 30 分钟,可以在帕纳吉的 Kadamba 车站搭乘巴士,约每 15 分钟一班。另外也可搭乘电动车或出租车前往,单程各约 100 和 300 卢比

● **大教堂**
- 周二、周三、周五至周日 7:00-17:30
- 免费

● **考古博物馆(阿西西的圣弗朗西斯教堂与修道院)**
- 周六至下周四 10:00-17:00
- 5 卢比

● **圣耶稣教堂**
- 周二、周三、周五至周日 7:00-12:30,15:00-18:30

● **基督教艺术博物馆(圣摩尼卡教堂与修道院)**
- 0832-2285299
- 9:30-17:00
- 20 卢比

果阿曾是葡萄牙在印度的殖民地,今天的旧果阿便是殖民时期的首都,当时留下的大批教堂和修道院,于 1986 年被列入《世界遗产名录》。

整体来说,这些纪念性建筑从朴素的文艺复兴(Renaissance),到华丽的巴洛克(Baroque),再到更矫饰的葡萄牙曼奴埃尔式(Manueline)各种风格一应俱全。

今天来到旧果阿,这里衰落的景象,很难让人与过往繁华之地产生联系,这座曾经足以与里斯本匹敌的城市,在 16 世纪的黄金年代,吸引了一批又一批的传教士、

军人、商人前来,人口甚至超过了当年的里斯本和伦敦。直到18世纪中叶,受到接连的瘟疫以及曼多维河淤积的影响,总督把首府迁往帕纳吉,此后旧果阿便一蹶不振,仅遗留下伟大的建筑供人凭吊。

说起旧果阿,不能不提到圣弗朗西斯·泽维尔(St. Francis Xavier),他终其一生在葡萄牙的东方殖民地致力于传教(卒于1552年12月3日),并使3万人改信基督教。据说他死后遗体不腐,成为神迹,1622年,被封为圣者。其坟冢便位于圣耶稣教堂内,每10年他的遗体便会公开展示一次。如今他是果阿的守护神,每逢12月3日他的祭日前后,旧果阿都有纪念活动。

大教堂 Se Cathedral

大教堂是旧果阿最大的教堂,也有人说是亚洲最大的教堂。始建于1562年,整座教堂属于葡萄牙哥特式风格,十字架结构,有着托斯卡纳文艺复兴式(Tuscan)外表,以及科林斯式(Corinthian)内观,立面高30米,原本有两座方形钟楼,如今只剩南面的钟楼独撑大局。

这座教堂以两大特色闻名:一处钟楼上的钟,素有黄金钟之称,据说钟响时,整个果阿都能听见;另一处则是献给圣者圣凯瑟琳(St. Catherine of Alexandria)的金黄主祭坛,上面描绘了他的一生及殉教过程。

阿西西的圣弗朗西斯教堂与修道院
Convent & Church of St. Francis of Assisi

阿西西的圣弗朗西斯教堂与修道院位于大教堂的西面，由方济会修士于 1521 年兴建，并在 1661 年重建。教堂内部装饰华丽，在墙面和天花板上都有花草图案的湿壁画，地板上是葡萄牙贵族的墓碑图案，木雕的祭坛上涂着金箔，都是以耶稣和圣弗朗西斯为主题。

教堂旁边原本是修道院，如今是考古博物馆（Archaeological Museum），收藏了葡萄牙总督的画像、印度寺庙雕刻等。

圣耶稣教堂 Basilica of Bom Jesus

圣耶稣教堂不但是旧果阿最重要的建筑，而且在整个天主教世界也占有一席之地，因为这里埋葬着果阿守护神——圣弗朗西斯·泽维尔的遗体。教堂兴建于 1594 年，基本架构属于巴洛克式。

圣卡杰坦教堂 Church of St. Cajetan

这座教堂是以梵蒂冈的圣彼得（St. Peter）大教堂为蓝本，但规模上与之相差甚远。

教堂内部呈希腊十字状，属于意大利巴洛克风格，以中央圆顶为最大特色。教堂旁边原本是一座修道院，现已改建为宗教学校。

圣奥古斯汀教堂遗迹 Church of St. Augustine Ruins

尽管已是断壁残垣，但那 46 米高的砖红钟塔依然挺立于山丘上，还是让人无法忽视它过往的辉煌。它的立面高达 5 层，曾是印度最大的教堂。1602 年时，由奥古斯汀修会会士所建，原本是一座哥特式教堂，后来该修会受到葡萄牙政府警察的镇压，教堂也于 1835 年遭到弃置；7 年后，教堂屋顶随之坍塌；1931 年，教堂立面和半面钟塔倾倒；1998 年，印度政府才开始考古挖掘工作，至今在废墟中，依稀可以见到当年墙壁上装饰的瓷砖和雕刻。

果阿海滩
(Beaches in Goa)

★星级推荐

- **加兰古特**
- 位于帕纳吉西北方约 10 千米处
- 与帕纳吉之间车程约 30 分钟,帕纳吉有巴士前往加兰古特市中心,也可直接搭乘出租车,费用为 150～200 卢比

- **克洛瓦**
- 位于马尔冈西边 6 千米
- 距离马尔冈约 15 分钟车程,可在马尔冈市中心的市政花园(Municipal Gardens)站搭搭巴士前往;从帕纳吉的 Kadamba 的巴士总站搭巴士前往约 1 小时 30 分钟,需在马尔冈换车

　　果阿那壮阔无比的海滩,北起奎林(Querim)、南达莫巴(Mobor),绵延长达 106 千米。这里的十余座海滩每座都有各自的特色,整体而言,南果阿的海滩不如北果阿开发得深入,但相对地,有茂密椰林相伴的南果阿海滩却恬静许多,也因此,这里近年越来越受游客欢迎。

　　果阿沿海的村落和度假村几乎都是因为海滩而发展的,海滩所带来的观光人潮,就是这里的经济命脉。离海滩稍远的地方,是各式各样的纪念品店、购物中心、海鲜餐厅、夜店;紧挨着海滩的椰林下,则是棚架搭的啤酒摊、点心摊及跳蚤市场;穿梭在海滩上的,则是叫卖水果、爆米花和纪念品的小贩。

　　北果阿较知名的海滩有阿尔姆波(Armbol)、安朱纳(Anjuna)、加兰古特(Calangute)、康多林(Candolim),南果阿则有马久达(Majorda)、克洛瓦(Clova)、卡维洛辛(Cavelossim)等。

马尔冈
(Margao, Madgaon)

- 位于帕纳吉以南 33 千米处
- 可以从帕纳吉的 Kadamba 巴士总站搭乘巴士前往

马尔冈是南果阿的行政和商业中心，甚至比帕纳吉还要繁荣，从某个角度来看，它不太像典型的印度城市，相较之下，这里的市容显得干净整齐多了。尽管游客不常造访，但这里是体验果阿当地生活的好去处，特别是色彩缤纷的市集。

一般逛马尔冈市区，几乎都从市中心的市政花园广场（Municipal Gardens）开始，该广场本身是一座草树花卉茂密葱茏的公园。公园对面，便是艳橘、粉白相间的市政议会大楼（Margao Municipal Council）。

从市政花园广场沿着阿巴德·法利亚（Abade Faria）路往北走，路边有许多 18 及 19 世纪殖民时代保存下来的大宅邸，建筑元素及装潢摆设兼容并蓄，充分展现了当地文化的多元特色，例如镶嵌着抛光贝壳的百叶窗、比利时枝形吊灯、威尼斯式玻璃和镀金镜、巴洛克式的紫檀木家具等。

除此之外，马尔冈还有几座著名的教堂，其中包括圣灵教堂（Church of the Holy Spirit）。总体而言，马尔冈是一座可以自在亲近印度生活的城镇，在这里看了哪些景点并不是最主要的，重要的是体会这里自在的生活氛围。

科钦

尽管喀拉拉邦的首府位于南部的特里凡得琅（Trivandrum），但不论历史、经济或观光价值，位于喀拉拉邦海岸线中心点的科钦，都有无法取代的地位。

最早开发科钦的是中国人，当年郑和七下西洋，便在科钦停留多达六次，除了将香料带回中国，也将中国的捕鱼、种茶、制作青白瓷器、丝绸工艺等技术一一传入。

6个世纪以来，科钦吸引了来来往往的商人、传教士、殖民者，于是印度教、伊斯兰教、基督教、犹太教和印度人、中国人、犹太人、葡萄牙人、荷兰人、英国人……各种族群、宗教在这里交会融合，香料、渔产在这里交易，也留下了错综复杂的殖民血泪和丰富的历史遗产。

从地图上看，科钦显得破碎不完整，事实上，它就是在阿拉伯海的潟湖边建立起的一座海港，由岛、半岛和陆地构成。印度大陆本土的部分，称为埃尔讷古勒姆（Ernakulam），是科钦的商业中心和交通枢纽，饭店、购物中心、火车站都位于这里。科钦堡（Fort Kochin）及坶坦彻里（Mattancherry）位于潟湖的半岛上，是旅游景点集中的历史区。

科钦交通

如何到达——飞机

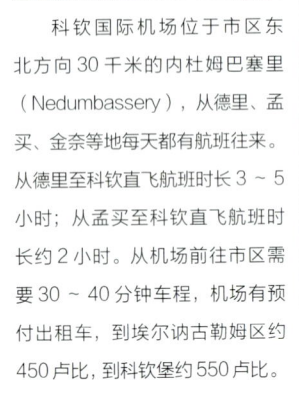

科钦国际机场位于市区东北方向30千米的内杜姆巴塞里（Nedumbassery），从德里、孟买、金奈等地每天都有航班往来。从德里至科钦直飞航班时长3～5小时；从孟买至科钦直飞航班时长约2小时。从机场前往市区需要30～40分钟车程，机场有预付出租车，到埃尔讷古勒姆区约450卢比，到科钦堡约550卢比。

科钦国际机场
🏠 www.Kochinairport.com
捷特航空
🏠 www.jetairways.com

如何到达——火车

主要火车站有3个，都在埃尔讷古勒姆区，其中埃尔讷古勒姆枢纽火车站（Ernakulam Junction Railway Station）和埃尔讷古勒姆镇火车站（Ernakulam Town Railway Station）最为重要。这2个车站离市区都很近。

印度铁路公司
🏠 www.indianrail.gov.in

如何到达——巴士

金奈和马杜赖等地有巴士前往科钦。邦际长途巴士大都停靠在MG路的东边或火车站埃尔讷古勒姆枢纽火车站的北边。往来于库米利、贝里亚尔野生动物保护区的巴士，则停靠在高等法院巴士站（High Court Stand）。这些巴士站都位于市区。

市区交通

科钦境内最方便的出行方式就是搭乘电动三轮车（Autorickshaw），不过记得上车前要先议价，若乘出租车往来于埃尔讷古勒姆和科钦堡，单程需200～250卢比。另外也可以利用渡轮往返于威灵顿岛和科钦堡，船票仅需几卢比。

旅游咨询

印度旅游局
🏠 Willingdon Island
📞 0484-2668352
🕐 周一至周五 9:00-17:30，
  周六 9:00-11:00
🏠 www.incredibleindia.org

喀拉拉邦观光开发公团
🏠 Shanmugham Road, Ernakulam
📞 0484-2353234
🕐 8:00-19:00
🏠 www.ktdc.com

精华景点

犹太镇和帕拉德锡犹太教堂
(Jewtown & Paradesi Synagogue)

- 帕拉德锡犹太教堂
- Jew Town, south of Mattancherry Jetty
- 从玛坦阙里码头步行前往约 3 分钟
- 周日、周一至周四 10:00-12:00、15:00-17:00,周五、周六和犹太假日休息
- 2 卢比
- 教堂内部不允许拍照,着短衣、短裙、无袖衣服,都不允许入内参观

犹太镇顾名思义,就是犹太人聚居的地方,据说公元 1 世纪时,犹太人便已来到喀拉拉邦;到了 16 世纪,葡萄牙人强迫他们搬到科钦,并由王公赐予他们犹太镇这片土地作为居住地。1568 年,人们在这里兴建了帕拉德锡犹太教堂,它是印度历史最悠久的犹太教堂。

教堂坐落于犹太镇中心一条窄巷的尽头,可惜 1662 年被葡萄牙人所毁,两年后荷兰人占领科钦,并协助重建犹太教堂。教堂旁典雅的钟塔,则兴建于 1760 年。

教堂里有很多珍贵的宝物,这其中包括美丽的银器、装饰黄金的讲道坛、犹太戒律黄金卷轴、彩色玻璃煤油灯、水晶枝形吊灯,以及从中国运来、铺在地板上的青花瓷砖,瓷砖上的花鸟垂柳栩栩如生。

犹太镇一直以来都是科钦的香料贸易中心,走在狭窄的古老巷弄中,空气中不时混合着豆蔻、茴香、姜黄、丁香等各种香料的气味,科钦国际胡椒交易所,就位于犹太镇里。这些年来为了吸引更多的游客,古董店、手工艺品店、服装店、纪念品店已经渐渐取代香料店,占据了大多数老店铺。对印度手工艺品有兴趣的游客,光是逛这些商店,就足以耗大半天时间。

漫游 印度

科钦堡 (Fort Kochin)

- **圣弗朗西斯教堂**
  - Church Road
  - 从科钦堡码头步行前往约 5 分钟
  - 周一至周五 9:30-13:00，14:30-17:00
  - 免费

- **圣克鲁兹教堂**
  - Parade Road and K.B.Jacob Road（靠近 Bastion St.）
  - 从科钦堡码头步行前往约 5 分钟
  - 9:00-13:00，15:00-17:00
  - 免费

- **印葡博物馆与主教之屋**
  - Bishop's House
  - 从科钦堡码头步行前往约 10 分钟
  - 周二至周日 10:00-17:00，假日公休
  - 25 卢比

科钦堡这个区域在 1341 年，因为洪水泛滥而形成一座天然良港，中国人首先在此建港，后来逐渐吸引了世界各地商人、殖民者前来，使其成为印度最早有欧洲人定居的地方。16 世纪时，葡萄牙人在这里建造了一座堡垒，称之为科钦堡。接着荷兰人赶走了葡萄牙人，英国人又赶走了荷兰人，使得科钦堡里混杂着各种不同风格的建筑。今天科钦堡老城区里的建筑有的改装成旅馆、民宿，有的是餐厅、咖啡馆，也有艺廊、艺品店，整个区域被喀拉拉邦政府划为历史遗产区，用来保护这些珍贵的历史建筑。

中国渔网 Chinese Fishing Nets

在科钦堡北方沿岸的码头顶端，矗立着几座悬臂式、像蜘蛛网般的渔网，渔网衬着夕阳余晖的剪影，几乎成了科钦最标准的宣传照片。印度当地人称它们为中国渔网，尽管这种捕鱼方式在中国已不多见。

圣弗朗西斯教堂 St. Francis Church

科钦堡里最重要的建筑便是圣弗朗西斯教堂,1502年由葡萄牙方济会的修士兴建,被认定是欧洲人最早在印度建立的教堂。教堂原本为木结构,到了16世纪中叶又以石材重建,简洁的立面,成为后来许多印度教堂的原型。此外,伟大的葡萄牙航海家瓦斯科·达·伽马的墓碑就在这里。

圣克鲁兹教堂 Santa Cruz Basilica

圣克鲁兹教堂最早是在1506年时由葡萄牙人兴建的,今日所见这座宏伟的教堂是1902年由英国所建,教堂里摆放了一些科钦不同年代的艺术品,其中,主祭坛和天花板上的壁画,都是仿自意大利的名画,包括达·芬奇的《最后的晚餐》。

印葡博物馆与主教之屋
Indo-Portuguese Museum & Bishop's House

印葡博物馆位于主教之屋的花园里,收藏了许多早期印度天主教社区的遗产,包括祭袍、教堂行进时用的银制十字架、祭坛的装饰品。在博物馆地下室可以看到当年葡萄牙人所建的堡垒残迹。至于主教之屋这栋16世纪的建筑,原本是葡萄牙殖民时代的政府官邸,现在则是科钦地区主教的住所。

漫游 印度

海事博物馆 (Maritime Museum)

- 位于圣弗朗西斯教堂以南 1 千米处
- 从圣弗朗西斯教堂步行前往约 20 分钟
- 9:30-13:00，14:00-18:00
- 20 卢比

这座成立不久的海事博物馆位于印度海军基地旁，坊间旅游指南很少提及，游客也不常逛这里，不过其馆藏仍具一定水平。博物馆的露天广场上摆放着一些退役的鱼雷、机枪、导弹、船锚、雷达以及船舰模型。两侧的展示室里，一边是以模型简述印度的航海史，包括大航海时代印度人与葡萄牙人、荷兰人、英国人的贸易和交锋；另一边则是印度海军的参战史以及印度海军的相关收藏。

玛坦阙里宫 (Mattancherry Palace)

- Bazaar Road
- 从玛坦阙里码头步行前往约 3 分钟
- 0484-2226085
- 周六至下周四 10:00-17:00，假日公休
- 2 卢比
- 博物馆里严禁拍照

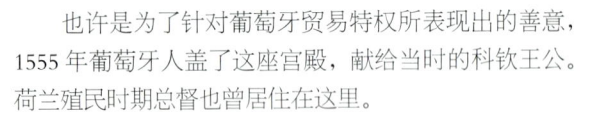

必游之地 MUST-VISIT PLACES

也许是为了针对葡萄牙贸易特权所表现出的善意，1555 年葡萄牙人盖了这座宫殿，献给当时的科钦王公。荷兰殖民时期总督也曾居住在这里。

这栋两层楼的建筑坐落在一座庭院里，建筑本身平淡无奇，宫殿里的壁画才是重点所在。一幅幅错综复杂呈现红、黄、黑、白温暖色调的壁画，描绘着印度史诗《罗摩衍那》（Ramayana）、《摩诃婆罗多》（Mahabharata）和印度教经典《往世书》（Purana）的故事，这些壁画展现了 17 世纪喀拉拉邦印度教寺庙的艺术。此外，其内部也展示了当年王室所使用的生活用品，还有王公肖像、轿子、镶着宝石的服装等。

198

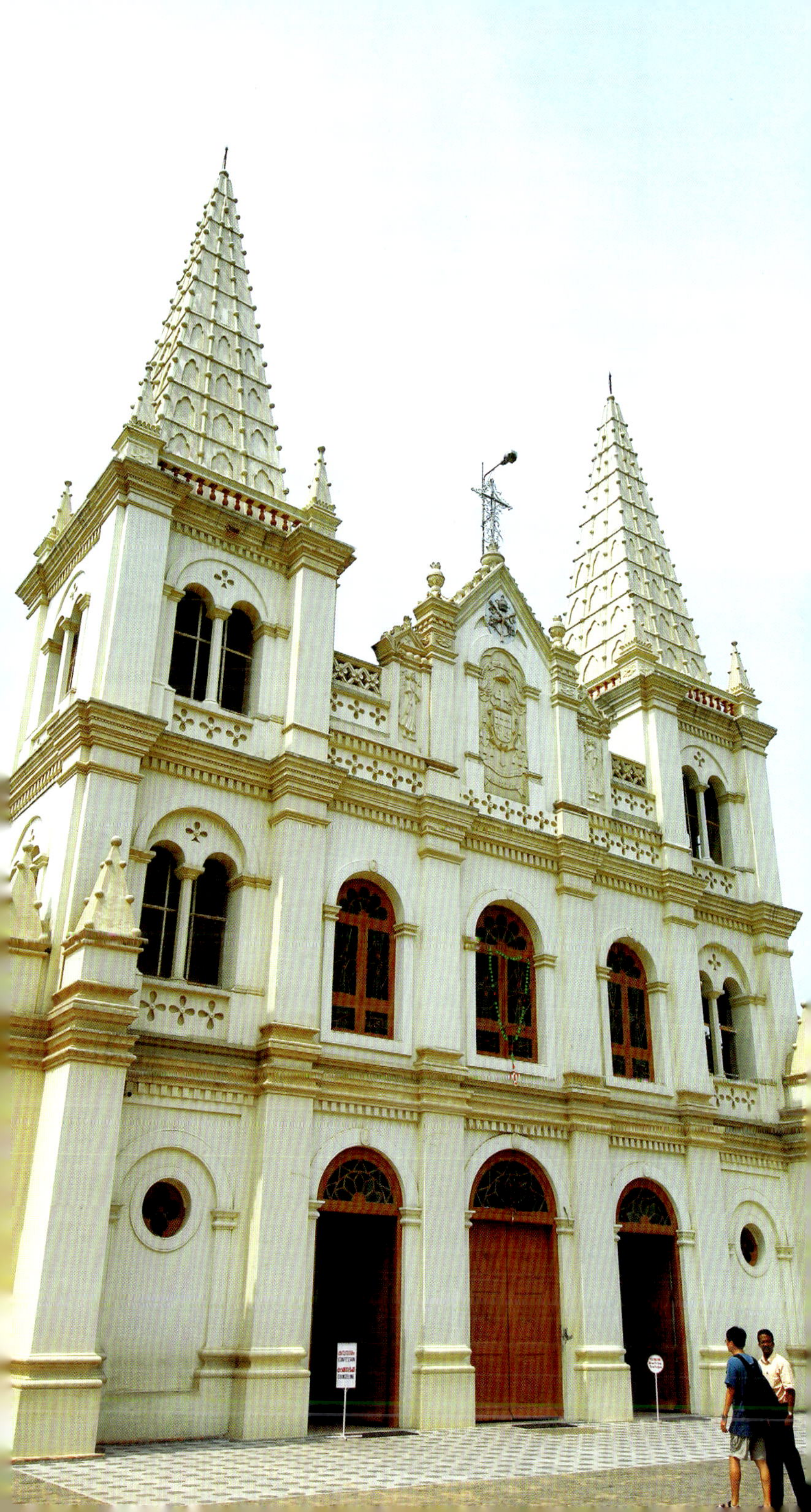

金奈

金奈又译为钦奈、清奈，是泰米尔纳德邦首府，也是南印度的主要门户之一，旧称为马德拉斯（Madras）。历史使得马德拉斯这个名字甚至比金奈更为响亮，这里人口约640万，是印度第四大城市。

尽管身为南印大城，但没有孟买那么繁荣和国际化，这里气候闷热、空气污染严重，而且大众运输系统不便，如果没有自己的交通工具，出行就很不方便。

尽管这些年来跨国企业纷纷落脚在金奈市郊，尤其是科技产业，但这并没有给金奈带来多大的改变，它依然以自己缓慢的步调守着传统，整座城市杂乱无章地延展了70平方千米，一般城市所谓的市中心，这里几乎看不到。城市可看的景点不多，反倒是南边的玛玛拉普兰（Mamallapuram）及西南边的甘吉布勒姆（Kanchipuram）更吸引游客。

这里是南印度的商品集散中心，泰米尔纳德盛产棉布、丝绸、手工艺品，各种布料与边饰，集中在芒特路（Mount Road），丝绸则在T.纳加尔（Theyagaraya Nagar）、麦拉坡（Mylapore）这两个地区，帕里角（Parry's Corner）是商品和织品的批发中心，缅甸集市（Burma Bazzar）是进口商品、成衣和香水的集散地。

金奈交通

如何到达——飞机

金奈的国际机场（Anna International Airport）位于蒂鲁苏拉姆（Tirusulam），在市中心西南方向16千米处，国内机场（Kamaraj Domestic Terminal）就在国际机场隔壁。从印度各大城市每天都有很多航班往来于金奈之间，从德里到金奈航程约3小时，从加尔各答约2小时40分钟，从孟买约1小时45分钟。

从机场到市区最便宜的方式是搭乘MRTS火车，机场的站名是蒂鲁苏拉姆（Tirusulam）站，距离机场约500米，平均每10~15分钟发1班车，到达市中心的埃格莫雷火车站（Egmore Station）30～40分钟。此外，国际机场外还有预付出租车，前往市中心大约35分钟，费用约300卢比；前往埃格莫雷火车站的巴士约100卢比。至于搭乘电动车则必须走到机场外，到市区需150～200卢比。

Anna International Airport
www.chennaiairport.com
捷特航空
www.jetairways.com

如何到达——火车

金奈主要的火车站有两个，一个是位于乔治镇（George Town）边缘的中央火车站（Central Station），往印度西部地区的火车大多从这里出发，火车站外有预付出租车和电动车；另一个车站是位于市中心的埃格莫雷火车站，往来于金奈和喀拉拉邦或泰米尔纳德邦（Tamil Nadu）的火车大都停靠于此，由此前往金奈各处都相当方便。

印度铁路公司
www.indianrail.gov.in

如何到达——巴士

金奈的长途巴士站 Chennai Mofussil Bus Terminus（Koyambedu CMBT）位于城区西边7千米处，从这里可以乘坐当地27、15B、15F、17E等巴士前往金奈市中心，乘电动车则需100～150卢比。至于从玛玛拉普兰等其他金奈以南城镇发车的巴士，则停靠于郊区古因迪火车站（Guindy Railway Station）旁的巴士站。

Chennai Mofussil Bus Terminus

- Jawaharlal Salai, Koyambedu
- 044-23455858
  044-24794705

市区交通

市区里最方便的交通工具就是电动车，比起其他城市，这里的收费较高，由于这里的电动车不采用里程表，因此都得事先讲价，从埃格莫雷（Egmore）到乔治镇需40～50卢比。

旅游咨询

印度旅游局

- 154 Anna Salai
- 044-28460285
- 周一至周五 9:00-18:00，
周六 9:00-13:00
- www.incredibleindia.org

印度观光开发公团

- 29 Victoria Crescent, C-in-C Road
- 044-28281250
- 周一至周六 10:00-17:30
- www.attindiatourism.com

泰米尔纳德邦观光开发公团

- 2 Wallajah Road, Triplicane
- 044-25367850
- 周一至周五 10:00-17:30
- www.ttdconline.com

精华景点

金奈政府博物馆 (Government Museum)

- Pantheon Road, Egmore
- 从 Egmore 火车站步行前往约 10 分钟
- 044-28193238
- 周六至下周四 9:30-17:00
- 门票 250 卢比，携带照相机 200 卢比、摄影机 500 卢比
- www.chennaimuseum.org
- 适宜儿童游玩

★星级推荐

金奈政府博物馆是金奈，甚至整个泰米尔纳德邦中最好的博物馆。博物馆位于英国人 18 世纪所盖的"众神殿建筑群（Pantheon Complex）"中，不同主题的展品分别陈列在不同展馆，包括主展馆（考古学、动物学、植物学、地质学、人类学、古代货币）、青铜馆、儿童博物馆、国家美术馆及当代美术馆 5 个展馆。超过 3 万件收藏品，从化石到岩石，从书籍到雕刻，从钱币到铜器，可谓是五花八门。

主展馆收藏类型最为复杂，在考古学陈列室里，主要是南印度不同时代的雕刻和寺庙艺术品。与自然史相关的陈列也很精彩，各种动物、植物、鸟类及岩石标本，占据主展馆的大半面积，其中最引人注目的就是长 18.5 米的鲸鱼骨骸以及高达 3.4 米的印度象骨标本。青铜馆内收藏了南印度最好的青铜器，展品约 700 件，年代大致从 9 世纪到 13 世纪，充分反映出帕拉瓦（Pallava）到科拉时代（Chola）精致的印度教神像艺术。国家美术馆建于 1909 年，是博物馆中最美丽的建筑。

圣安德鲁教堂 (St. Andrew's Church-The Kirk)

- 37, Poonamallee High Road, Egmore
- 从 Egmore 火车站步行前往约 5 分钟
- 044-25612608
- www.thekirk.in

去过英国伦敦的人，应该会觉得圣安德鲁教堂似曾相识，它仿自著名的圣马丁教堂（St. Martin-in-the-Fields），兴建于 1821 年，属于新古典主义建筑。教堂矗立在一片草坪上，外表呈长方形，内部则是一个直径 24.5 米的正圆形。教堂的石造浅圆顶由 16 根科林斯式石柱支撑，圆顶里深蓝的色泽由贝壳和天青石构成。50 米高的尖塔除了有四面时钟，其顶端还有一只铜造的风信鸡。

圣乔治堡 (Fort St. George)

- Rajaji Salai（由 Sir Muthuswamy Iyer Road、Flag Staff Road、Kamarajar Sala Road 三条马路围起来的范围）
- 从 Fort 火车站步行前往约 10 分钟
- 10:00-17:30

● 堡垒博物馆
- 044-25670389
- 周六至下周四 10:00-17:00
- 门票 100 卢比，携带录像机 25 卢比

圣乔治堡于 1653 年由英属东印度公司所建，不过历经数个世纪以来，堡垒样貌已经改变了很多，目前，堡垒围墙残迹仍在，呈不规则的五角形。来到这里，不要期待看到多么雄伟的建筑，甚至连堡垒究竟在哪里，还得费一番工夫寻找。

从海边大门进来，首先看到的建筑是新古典主义形式的旧秘书处（Secretariat），今天则是泰米尔纳德邦政府所在地，在它的后方则是议会，建筑年代约在 1694 年到 1732 年之间，应该是目前印度年代最久远的英国建筑。

议会南边的圣玛丽教堂也是一景，它是目前亚洲最古老的英国国教教堂（Anglican Church），约完成于1680年。

堡垒博物馆（Fort Museum）位于以前的交易大楼（Exchange Building），里面有当年英属、法属东印度公司、印度王公、伊斯兰政权之间交战的记录，以及堡垒模型和殖民时代的马德拉斯出版印刷物。

圣乔治堡内其实可看性不大，反倒是围墙外的市集值得一逛，这里是金奈人采买的地方，人来人往，热闹非凡，游客可以在此体验当地人的生活。

码头海滩 (Marina Beach)

- Marina Beach
- 可以搭乘 MRTS 火车到 Fort 站
- 全天
- 免费

星级推荐

码头海滩又被译为玛丽亚海滩，号称是全世界最长的都市海滩之一，绵延长达13千米，而圣乔治堡和圣汤米教堂之间长达5千米的滨海大道（Kamarajar Salai），正是这片海滩的精华地段。

有了这条宽阔平坦的海滩，原本忙乱拥挤的金奈市区，就变得非常不一样了，这里是金奈市民远离湿热市区、吹海风的好去处。清晨或黄昏时刻来到海滩，总是可以看到放风筝的小孩、牵手漫步的情侣、兜售纪念品的小贩、摆摊算命的、戏水的、打板球比赛的或是静静坐在海滩上看海的人。

在滨海大道的西边，有几处建筑和纪念物较为显著，从北到南分别是战争胜利纪念碑（Victory War Memorial）、印度撒拉森马德拉斯大学（Indo-Saracenic Madras University）、劳工胜利碑（Triumph of Labour）和灯塔。

圣汤米教堂 (San Thome Church)

- 38 San Thome High Road
- 从 MRTS 的 Thirumayilai 站下车后步行约 30 分钟
- 044-24985455
- www.santhomechurch.com

该教堂最早兴建于 1504 年，并于 1893 年以新哥特式风格重建，这座高耸的罗马天主教堂，就矗立于码头海滩和卡帕利锡瓦拉尔寺之间。教堂的地下室是一间礼拜堂，里面有一座圣托马斯（St. Thomas）坟墓，据说里面埋葬的就是耶稣的十二使徒之一圣托马斯，相传他在耶稣死后来到南印度，过世后便埋葬于此。10 世纪时，一群从波斯来的基督教徒发现了他的埋葬地点，并为他立墓、建礼拜堂。相传 13 世纪，威尼斯旅行家马可·波罗也曾造访过这座小礼拜堂。今天大教堂的大片彩绘玻璃上就描绘着圣托马斯的生平和传奇故事。

卡帕利锡瓦拉尔寺 (Kapaleeshwarar Temple)

- Kutchery Road, Mylapore
- 从 MRTS 的 Thirumayilai 站下车后步行约 10 分钟
- 5:00-11:00，16:00-21:30
- 携带照相机 10 卢比、录像机 25 卢比
- 进入寺庙必须脱鞋

卡帕利锡瓦拉尔寺是金奈市区里最著名、最大的印度庙宇，建筑形式属于达罗毗荼式。寺里崇拜湿婆神，以孔雀为象征，根据传说，湿婆神的妻子帕尔瓦娣指定以母孔雀的形象来崇拜湿婆神，而这座寺庙供奉的是他的林伽。原本的寺庙于 16 世纪被葡萄牙人所毁，后在原址重建。七彩炫目的哥普兰和曼达帕（Mandapas，庙前的亭子）以及大水池，都是寺庙的焦点。

漫游 印度

默哈伯利布勒姆 (Mahababalipuram)

- 位于金奈以南58千米处
- 每天有多班巴士从金奈、甘吉布勒姆、Tiruvannamalai等地前往默哈伯利布勒姆。从金奈的长途巴士站Chennai Mofussil Bus Terminus(Koyambedu CMBT)搭乘巴士前往当地约需1小时45分钟，费用约22卢比，如果乘出租车前往需1 000～1 200卢比。另外也可以从金奈机场（Anna International Airport）乘巴士前往，车程约2小时；由机场搭乘预付出租车前往约1小时，费用在750～800卢比之间
- 五部战车神庙和海岸神庙 6:30-18:00
- 五部战车神庙和海岸神庙（门票同日互通）250卢比，携带录像机25卢比

必游之地 MUST-VISIT PLACES

　　默哈伯利布勒姆，又被译为玛玛拉普兰，是泰米尔纳德邦最著名的一级景点，早在1984年就被列入《世界遗产名录》。默哈伯利布勒姆（玛玛拉普兰）曾经是一座港口城市，7世纪时由帕拉瓦（Pallava）国王纳拉辛哈·瓦尔曼一世（Narasimha Varman Ⅰ）（630—668年）所建，整座遗址就坐落于孟加拉湾的海岸边，呈椭圆形分布。岩石雕刻的洞穴圣堂、巨石构成的神坛、战车形式的神殿以及巨大的露天石雕，都是帕拉瓦艺术风格的代表。至今，石雕传统仍然延续下来，在周围许多雕刻工作室，都还能听到铁锤、凿子敲打的声音传遍整个村落，而这声响，已经持续了上千年。

甘吉布勒姆 (Kanchipuram)

- 位于金奈通往班加罗尔（Bengalore）的主要道路上，距离金奈西南方向76千米处
- 可从金奈的 Egmore 火车站搭乘火车前往，车程约2小时；金奈的长途巴士站 Chennai Mofussil Bus Terminus（Koyambedu CMBT）也有巴士前往，车程2~3小时。另外从玛玛拉普兰有多趟巴士前往

● **斯里艾坎巴兰那塔寺**
- 6:00-12:30，16:00-20:30
- 携带照相机10卢比、录像机20卢比
- 进入寺庙必须脱鞋

● **凯拉三那塔寺**
- 6:00-12:00，16:00-21:00
- 携带录像机25卢比
- 进入寺庙必须脱鞋

甘吉布勒姆享有"寺庙之城"的美誉，更以生产丝织印度纱丽而闻名。甘吉布勒姆完整保存了南印度各个不同朝代的印度庙建筑艺术，是印度教七大圣地之一。

6—8世纪时，甘吉布勒姆作为帕拉瓦（Pallava）王朝的首都，不但建庙，还设立大学，接着从科拉（Chola）、潘迪亚（Pandya）到维亚扬那迦（Vijayanagar）各个王朝，甘吉布勒姆依然享有皇家权势，也更加巩固了它在宗教和商业上的地位。

甘吉布勒姆人是湿婆神和毗湿奴的信徒和崇拜者，城区大致可以分成两半，北部属于湿婆神，南部属于毗湿奴。许多游客会特地从金奈或玛玛拉普兰来这里，除了看庙、也采购丝织品，不过这里的朝圣者永远要比游客多。

坦贾武尔与崔奇

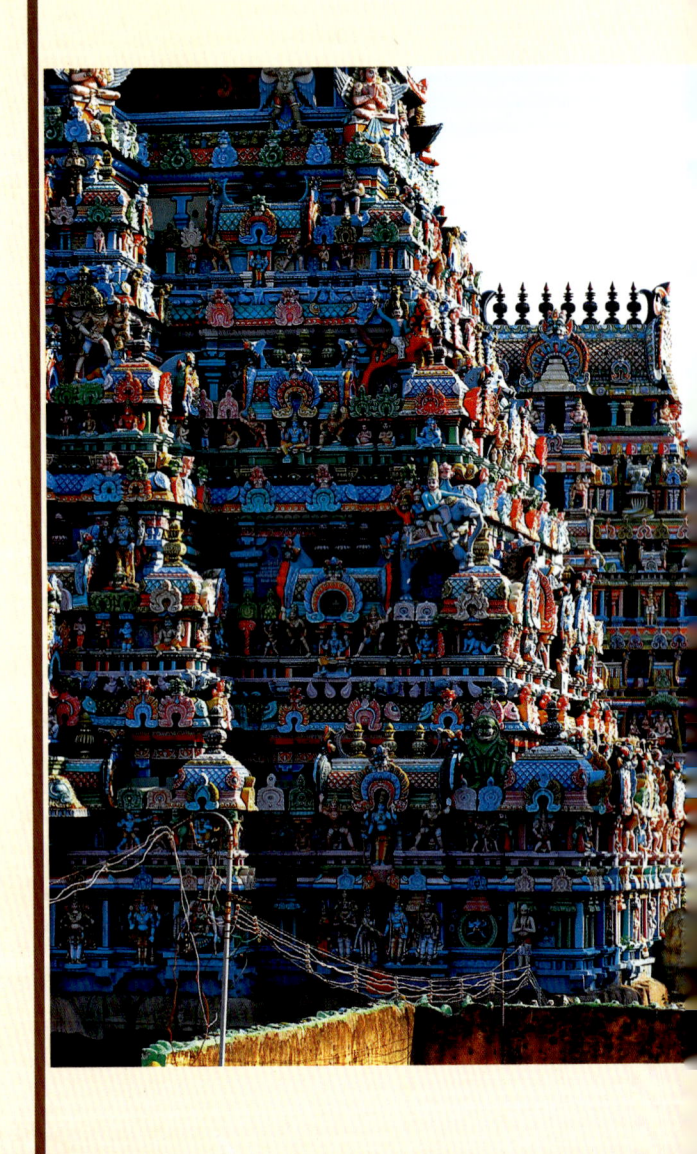

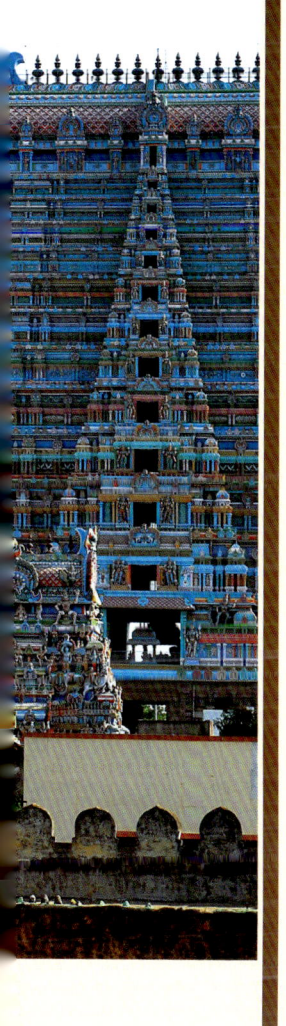

虽然坦贾武尔不在金奈与马杜赖（Madurai）的交通主干线上，却因为拥有世界遗产级的布里哈迪锡瓦拉寺（Brihadishwara Temple），使得来到泰米尔纳德邦的游客都会特地绕道前来。

坦贾武尔坐落于肥沃的卡维利（Kaveri）三角洲上，曾经是科拉（Chola，850—1270年）、纳雅卡（Nayaka，1535—1676年）、玛拉塔（Maratha，1676—1855年）王朝的首都所留下的伟大建筑。今日坦贾武尔所展现的丰厚文化遗产不只是庙宇和皇宫，同时还有音乐、舞蹈、绘画和铜雕。

崔奇（Trichy）同样位于卡维利三角洲上，由于身为交通枢纽，目前它已发展成泰米尔纳德邦的第三大城。城里最知名的地标是高悬在一块山岩上的岩堡寺（Rock Fort Temple），至于城市以北3千米处的斯里兰甘（Srirangam），则是印度教的重要圣地。

坦贾武尔与崔奇交通

如何到达坦贾武尔——火车

金奈和崔奇都有火车前往坦贾武尔，车程各约8小时20分钟和1小时10分钟，不过因为班次不多，所以乘巴士比较方便。火车站位于市中心的甘地路（Gandhiji Road）上，可步行前往主要景点。

印度铁路公司
www.indianrail.gov.in

如何到达坦贾武尔——巴士

坦贾武尔有两个巴士站，长途巴士站——新巴士站位于市区西南方约4千米处，可从这里搭乘地方巴士或电动车前往市区，电动车费用约30卢比，与马杜赖车程4小时45分钟，与崔奇车程1小时30分钟。位于市中心的旧巴士站停靠市区和郊区巴士，金奈出发的巴士也停靠于此，与金奈车程约8小时，从这里可以步行方式前往主要景点。

如何到达崔奇——飞机

崔奇机场位于市中心以南8千米处，从金奈和特里凡得琅等地每周有多趟航班飞往当地，与金奈航程约50分钟。从机场可搭乘巴士、出租车或三轮车前往市区，车程约30分钟。

如何到达崔奇——火车

崔奇的主要火车站崔奇枢纽车站（Trichy Junction）位于市区南部，从马杜赖等地都有班车往来，由于崔奇就在金奈与马杜赖的火车主干线上，因此班次非常多，金奈与崔奇的车程约5小时30分钟。

印度铁路公司
www.indianrail.gov.in

如何到达崔奇——巴士

崔奇有两个主要长途巴士站，中央站（Central）和邦际快车站（State Express），两站彼此相邻，都位于罗金路（Rockins Road）上。崔奇与金奈车程约7小时，与马杜赖车程约3小时。

旅游咨询

坦贾武尔旅客服务中心
- 在Hotel Tamil Nadu的转角处
- 0436-2230984
- 周一至周五 10:00-17:45

崔奇旅客服务中心
- 14 Williams Road（位于Central巴士站对面）
- 0431-2460136
- 周一至周五 10:00-17:45

精华景点

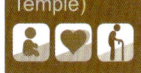

布里哈迪锡瓦拉寺 (Brihadishwara Temple)

- 位于坦贾武尔旧巴士站西侧
- 从坦贾武尔旧巴士站步行前往约 20 分钟
- 6:00-13:00,15:00-20:00
- 免费
- 进入寺庙必须脱鞋

这座高耸入云的砂岩大庙,是科拉建筑形式的最佳典范,于 1987 年被列入《世界遗产名录》。寺庙本身是一座湿婆神庙,完成于 1010 年,由拉贾拉贾·科拉一世(Rajaraja Chola I)所建,当年兴建这座大庙颇有宣示国威的作用,象征着科拉王朝无可匹敌。在寺庙地下室雕刻着铭文,上面记载了科拉王朝的历史、社会及政权状况。

布里哈迪锡瓦拉寺坐落于一大片长方形广场的正中央,当地习惯以"大庙"来称呼它,建筑本身由几座多柱厅和神坛组成,外墙排列着成串的小神龛,总共供奉了 250 座湿婆林伽。大庙正前方的曼达帕(Mandapa,印度庙前的亭子)有一头重达 25 吨的牛神南迪(Nandi),长 6 米、高 3 米,面对着大庙的圣室,由一整块黑色花岗岩雕刻而成,也是印度最大的南迪雕塑之一。

漫游 印度

坦贾武尔皇宫与博物馆 (Thanjavur Royal Palace & Museum)

- East Main Road
- 从坦贾武尔旧巴士站步行前往约 15 分钟
- **皇宫**
- 9:00-13:00，15:00-18:00
- 50 卢比
- **拉贾拉贾博物馆与艺廊**
- 9:00-13:00，15:00-18:00
- 30 卢比

星级推荐

坦贾武尔皇宫外观就像一只飞翔的老鹰，最早的时候是纳雅卡（Nayaka）国王的官邸，随后玛拉塔（Maratha）王朝重新改装整修。整个皇宫建筑包括一座四边形的庭院，一座金字塔形、像庙宇般的钟塔，以及一座上面有一个个拱门的 7 层瞭望塔。

走进皇宫，迎面就是皇家庭院，又称为杜尔巴厅（Durbar Hall），是过去觐见国王的地方。今天环绕庭院的回廊及厅室，辟为拉贾拉贾博物馆与艺廊（Rajaraja Museum and Art Gallery），展出了许多 7—20 世纪的青铜雕和石像，比如各种化身的湿婆神、帕尔瓦娣、梵天、毗湿奴、象神甘尼许，还有佛陀石像等，每一座雕像都栩栩如生。

一旁犹如庙塔的钟塔，值得一探究竟，这里居高临下，可以俯瞰皇宫和整座坦贾武尔城，与布里哈迪锡瓦拉寺遥遥相望，不过塔里的回旋石梯狭窄而幽暗，仿佛迷宫一般，上下阶梯时要特别小心。除此之外，整个皇宫建筑群还包括一座撒拉斯瓦提皇宫图书馆（Saraswati Mahal Library）和皇家宫殿博物馆（Royal Palace Museum），其中图书馆不对外开放，而皇家宫殿博物馆位于拉贾赛佛吉纪念厅（Raja Serfoji Memorial Hall），需另外付费。

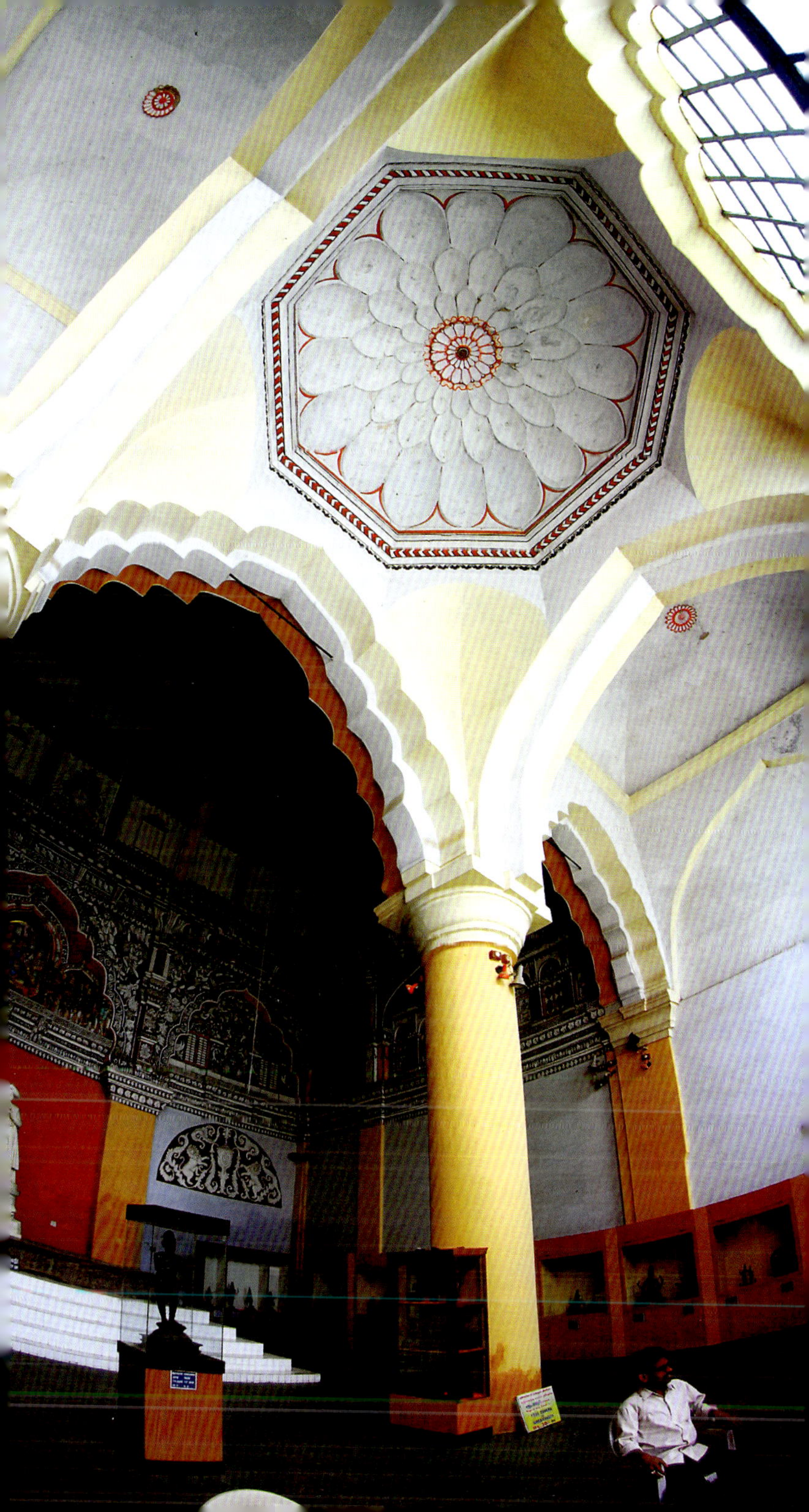

马杜赖

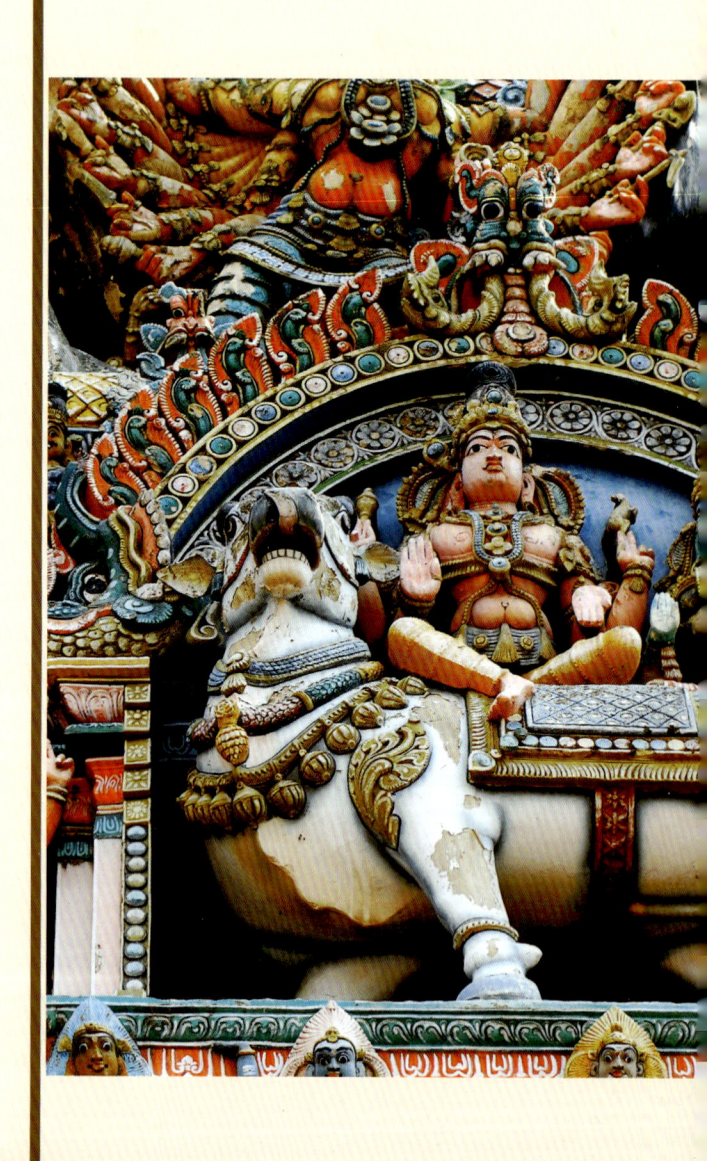

马杜赖又被译为马都茉，是南印度最古老、最大的宗教城市之一，几个世纪以来，这里一直是南印度重要的朝圣和学术修习中心，蕴藏着极丰厚的泰米尔（Tamil）文化。

几乎已经是马杜赖同义词的斯里米纳克锡寺（Sri Meenakshi Temple），是所有来到马杜赖的人必定参拜的地方，它盘踞于市中心已长达千余年，人民的一切日常生活，完全环绕着大庙展开。

马杜赖老城依傍瓦伊盖河（Vaigai River），2000年前，这里就孕育出著名的泰米尔文学作品《桑干》(*Sangam*，文学创作和诗集），为往后泰米尔文学发展注入了活力。7—13世纪，马杜赖是潘迪亚（Pandya）王朝的首都，因为贸易往来频繁，可以看到中国和罗马文化艺术在这里发扬光大。后来，马杜赖成为维贾扬纳加（Vijayanagar）王朝国土的一部分，16—17世纪，这里又是纳雅卡（Nayaka）王朝的首都。由于拥有这么一段光辉的历史，时至今日，宗教和文化仍然是马杜赖市民生活不可缺少的部分。

马杜赖交通

如何到达——飞机

马杜赖国内机场位于市中心以南 12 千米处，金奈、孟买和班加罗尔每周有数班航班往来于此，这里与金奈约有 1 小时航程。从这里可以搭乘出租车或电动车前往市区，另有 10A 市区巴士前往市区的佩里亚尔（Periyar）巴士站。

马杜赖机场
☎ 0452-2690433

如何到达——火车

马杜赖和金奈之间火车班次非常密集，中间停留在崔奇，与金奈的车程约 8 小时 30 分钟。火车站位于市中心，可以步行的方式前往大部分旅馆和主要景点。

印度铁路公司
🌐 www.indianrail.gov.in

如何到达——巴士

马杜赖的中央巴士站位于旧市区以北 6 千米处，几乎所有的长途巴士都从这里出发，马杜赖与金奈车程约 10 小时，与班加罗尔车程约 12 小时，与科钦车程约 8 小时，与崔奇车程约 3 小时，从中央巴士站前往市区可搭乘 75 和 700 号市区巴士，乘电动车则需 50～60 卢比。另外，从喀拉拉邦和少数前往马杜赖的长途巴士停靠在距离火车站 20 米处的阿拉帕拉耶姆（Arapalayam）巴士站。

旅游咨询

马杜赖旅客服务中心
🏠 1 West Veli St.
☎ 0452-2334757
🕘 周一至周五 10:00-17:45

精华景点

斯里米纳克锡寺 (Sri Meenakshi Temple)

- 从中央巴士站步行前往约 20 分钟
- 0452-2744360
- 5:00-12:30, 16:00-21:30
- 门票 50 卢比, 携带照相机 50 卢比
- www.maduraimeenakshi.org
- 为了让游客能一览整座庙的全景, 庙宇周围有一些楼层较高的手工艺品店会免费让游客直达屋顶拍照, 当然主要目的是借此来揽客。上面的视野的确不错, 如果对这些古董艺术品没有兴趣, 在欣赏完美景之后, 也要懂得如何摆脱纠缠。进入寺庙必须脱鞋

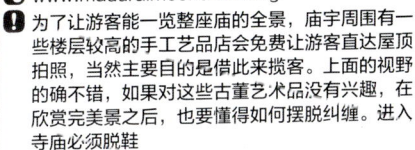

● 寺庙艺术博物馆
- 7:00-19:30
- 5 卢比

这座庞大的寺庙建筑群是一座湿婆神庙, 庙宇最早兴建于 7—10 世纪的潘迪亚王朝时期, 后来历经各朝代的扩建, 于 14—18 世纪时达到今日的规模。这座大庙模仿了达罗毗茶式建筑, 占地 0.06 平方千米, 拥有 12 座高 45～50 米、装饰繁复的哥普兰塔门。最特别的是庙里有两个圣室, 一个供奉湿婆神, 一个供奉帕尔瓦娣。不管什么时候来到庙里, 这里总是挤满了前来朝圣的印度教徒, 估计每天都有上万人。原则上, 非印度教徒不能进入主神的圣室。

漫游 印度

寺庙艺术博物馆 Temple Art Museum

　　寺庙艺术博物馆位于千柱厅之内（1000-Pillared Hall），需另外付费。先不论博物馆里陈列的展品，千柱厅本身就是一处风景，这个由985根石柱构成的大厅，约建造于16世纪，一根柱子就是一个神祇的化身，特别是在入口处第一排结合各种印度教神祇的石柱，可以说这里的石柱根根都是艺术品。其他展品还包括雕梁、石像、铜雕和寺庙建筑艺术品等。

甘地纪念博物馆 (Gandhi Memorial Museum)

- Tamukkam
- 乘12号市区巴士在Central Telegraph Office站下车
- 0452-5544930
- 周六至下周四 10:00-13:00，14:00-17:30
- 免费
- www.gandhimmm.org

星级推荐

甘地纪念博物馆的馆址过去是一座展览厅，坐落在一处宽阔宜人的广场（或者说是花木扶疏的公园）上。迷宫般的展览间陈列着印度从1757年到1947年争取独立的动人记录。

既然名为甘地纪念博物馆，当然少不了与甘地相关的纪念物，其中包括甘地在德里遭暗杀时所穿、沾染血迹的腰布（Dhoti），之所以将这块血腰布送到这里展出，是因为当年甘地就是在马杜赖首次穿上这条腰布的。1921年，甘地在马杜赖提倡穿卡迪（Khadi，意即手织的简朴衣服），马杜赖居民纷纷响应。

提卢马莱·纳雅卡宫 (Thirumalai Nayaka Palace)

- 位于斯里米纳克锡寺东南方1.5千米处
- 从斯里米纳克锡寺步行前往约30分钟
- 9:00-17:00
- 50卢比

这是纳雅卡(Nayaka)王朝统治者提卢马莱(Thirumalai)所盖的宫殿，整栋建筑约建造于1636年，是一座印度伊斯兰式（Indo-Saracenic）宫殿，今天仅残存壮观的入口大门、主厅、舞蹈厅（Natakasala）以及中间的庭院，是南印度少数堪称宏伟的非宗教性建筑。

这个长75米、宽52米的庭院又称为天篷（Swarga Vilasam），四边环绕了一列列粗重的圆柱。庭院的西侧则是宝座厅，王位上头有一个八角形穹顶。

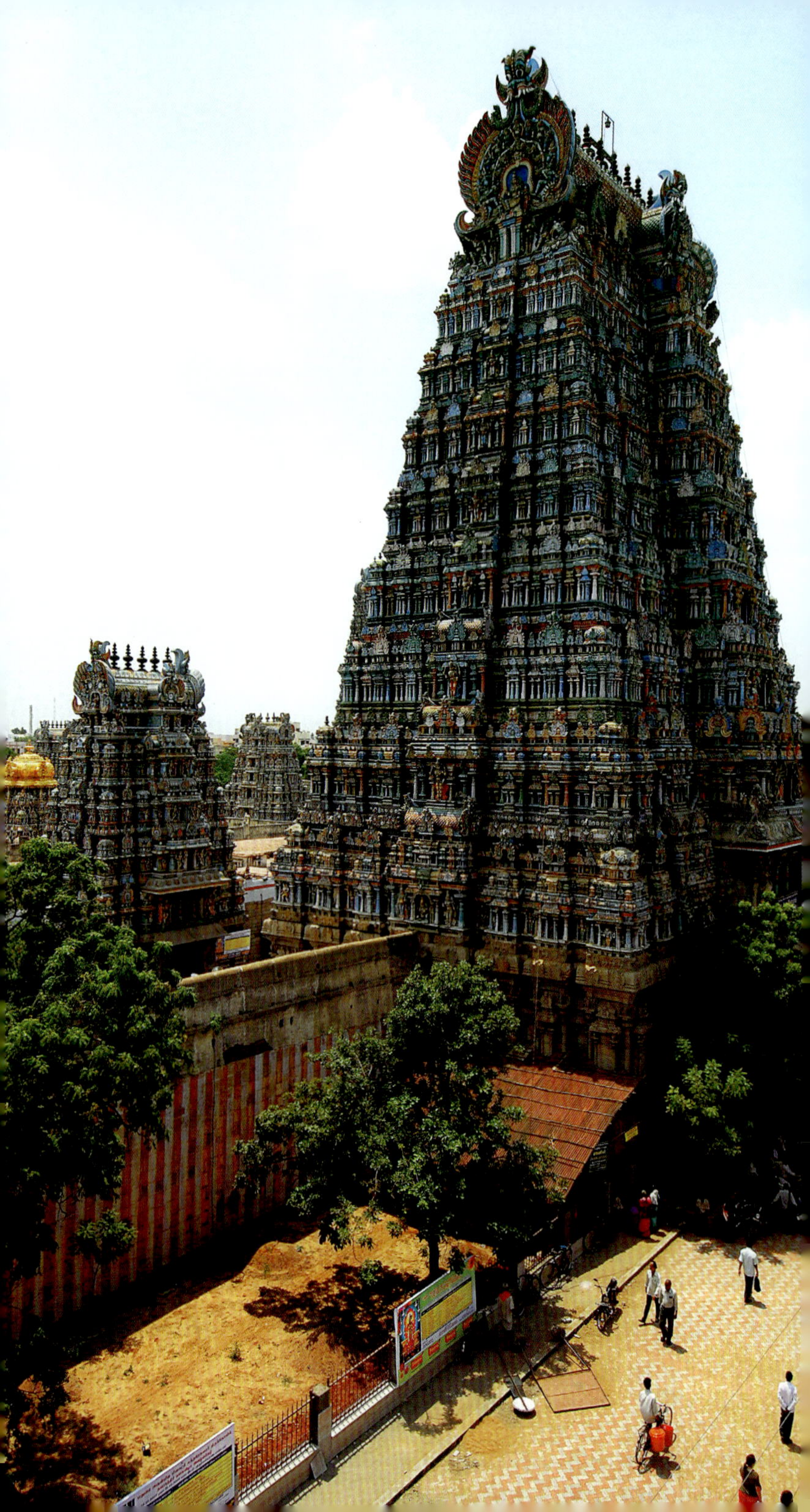

本图书是由北京出版集团有限责任公司依据与京版梅尔杜蒙（北京）文化传媒有限公司协议授权出版。

This book is published by Beijing Publishing Group Co. Ltd. (BPG) under the arrangement with BPG MAIRDUMONT Media Ltd. (BPG MD).

京版梅尔杜蒙（北京）文化传媒有限公司是由中方出版单位北京出版集团有限责任公司与德方出版单位梅尔杜蒙国际控股有限公司共同设立的中外合资公司。公司致力于成为最好的旅游内容提供者，在中国市场开展了图书出版、数字信息服务和线下服务三大业务。

BPG MD is a joint venture established by Chinese publisher BPG and German publisher MAIRDUMONT GmbH & Co. KG. The company aims to be the best travel content provider in China and creates book publications, digital information and offline services for the Chinese market.

北京出版集团有限责任公司是北京市属最大的综合性出版机构，前身为1948年成立的北平大众书店。经过数十年的发展，北京出版集团现已发展成为拥有多家专业出版社、杂志社和十余家子公司的大型国有文化企业。

Beijing Publishing Group Co. Ltd. is the largest municipal publishing house in Beijing, established in 1948, formerly known as Beijing Public Bookstore. After decades of development, BPG has now developed a number of book and magazine publishing houses and holds more than 10 subsidiaries of state-owned cultural enterprises.

德国梅尔杜蒙国际控股有限公司成立于1948年，致力于旅游信息服务业。这一家族式出版企业始终坚持关注新世界及文化的发现和探索。作为欧洲旅游信息服务的市场领导者，梅尔杜蒙公司提供丰富的旅游指南、地图、旅游门户网站、App应用程序以及其他相关旅游服务；拥有Marco Polo、DUMONT、 Baedeker等诸多市场领先的旅游信息品牌。

MAIRDUMONT GmbH & Co. KG was founded in 1948 in Germany with the passion for travelling. Discovering the world and exploring new countries and cultures has since been the focus of the still family owned publishing group. As the market leader in Europe for travel information it offers a large portfolio of travel guides, maps, travel and mobility portals, apps as well as other touristic services. It's market leading travel information brands include Marco Polo, DUMONT, and Baedeker.

DUMONT 是德国科隆梅尔杜蒙国际控股有限公司所有的注册商标。
DUMONT is the registered trademark of Mediengruppe DuMont Schauberg, Cologne, Germany.

杜蒙·阅途 是京版梅尔杜蒙(北京)文化传媒有限公司所有的注册商标。
杜蒙·阅途 is the registered trademark of BPG MAIRDUMONT Media Ltd. (Beijing).